AF276300

COLEX

GRACIAS POR CONFIAR EN COLEX

Disfrute gratuitamente **DURANTE UN AÑO** de los eBook, audiolibros y Colex Copilot de las obras de Editorial Colex*

ACTIVA TU CÓDIGO PARA ACCEDER A LOS SERVICIOS

1. Accede a **www.colex.es**.

2. Inicia sesión o regístrate como usuario.

3. Dirígete al menú de usuario y haz clic en **«Mis códigos»**.

4. Introduce el siguiente código **(RASCA PARA VER EL CÓDIGO)**:

◆ Una vez se valide el código, aparecerá una ventana de confirmación y su eBook / audiolibro / Colex copilot estarán activos **durante 1 año desde su activación** en la pestaña «Mis libros» en el menú de usuario.

No se admitirá la devolución si el código promocional ha sido manipulado y/o utilizado.

¡Gracias por confiar en nosotros!

La obra que acaba de adquirir incluye de forma gratuita la versión electrónica.

Acceda a nuestra página web para aprovechar todas las funcionalidades de las que dispone en nuestro lector.

Funcionalidades eBook

Acceso desde cualquier dispositivo con conexión a internet

Idéntica visualización a la edición de papel

Navegación intuitiva

Tamaño del texto adaptable

Síguenos en:

NUEVA FUNCIONALIDAD CON INTELIGENCIA ARTIFICIAL EN LOS LIBROS DE COLEX

| Una cortesía de Iberley.es |

En Colex damos un paso más en innovación jurídica. Desde ahora, las guías «Paso a paso» y los «Vademecum» incorporan una nueva funcionalidad basada en **inteligencia artificial**, gracias a la tecnología de **Iberley IA**.

El lector podrá interactuar directamente con el contenido del libro de forma inmediata, útil y centrada exclusivamente en su materia.

☑ **¿Qué puede hacer el usuario en el libro?**

- Realizar preguntas sobre el contenido del libro.
- Solicitar explicaciones de artículos, conceptos o normativa.
- Utilizar un ChatBot inteligente, contextualizado y acoplado al contenido legal del libro.
- Resolver dudas puntuales mientras se estudia o trabaja con la obra.

☒ **¿Qué no puede hacer esta versión del ChatBot?**

- ✗ No permite generar escritos jurídicos.
- ✗ No analiza ni responde documentos externos.
- ✗ No responde a consultas de otras materias distintas a la del libro.

Esta herramienta está pensada para enriquecer la experiencia de lectura y consulta del libro. Su uso es exclusivo sobre su contenido.

¿QUIERES IR MÁS ALLÁ? DESCUBRE IBERLEY IA

Si necesitas una **solución avanzada de inteligencia legal**, con cobertura total de materias y documentos, entra en **www.iberley.es** y accede a todas las funcionalidades profesionales:

CUADRO SIMBÓLICO DE FUNCIONALIDADES		
Funcionalidad	**En los libros Colex**	**En Iberley.es**
Preguntar sobre el contenido del libro	✓	✓
Solicitar explicaciones jurídicas	✓	✓
ChatBot integrado al contenido del libro	✓	✓
Consultas sobre otras materias	✗	✓
Análisis de documentos externos	✗	✓
Generación de escritos jurídicos	✗	✓
Traducción jurídica	✗	✓
Informes y resúmenes legales automáticos	✗	✓
Contratos, guías prácticas y emails para clientes	✗	✓
Estrategias judiciales y jurisprudencia instantánea	✗	✓

EL PROCEDIMIENTO DE RECAUDACIÓN TRIBUTARIA

Aspectos clave del proceso de recaudación fiscal: fases, normativa, embargos y afectados

EL PROCEDIMIENTO DE RECAUDACIÓN TRIBUTARIA

Aspectos clave del proceso de recaudación fiscal: fases, normativa, embargos y afectados

EDICIÓN 2026

Obra realizada por el Departamento de Documentación de Iberley

COLEX 2026

© Editorial Colex, S.L.
Calle Costa Rica, número 5, 3.º B (local comercial)
A Coruña, 15004, A Coruña (Galicia)
info@colex.es
www.colex.es

I.S.B.N.: 979-13-7011-621-7
Depósito legal: C 207-2026

SUMARIO

ANEXO.
CASOS PRÁCTICOS

0.
INTRODUCCIÓN

El procedimiento de recaudación tributaria constituye una pieza fundamental dentro del sistema tributario español, ya que tiene como objetivo garantizar el cobro efectivo de las deudas tributarias, tanto aquellas liquidadas previamente por la Administración como las autoliquidadas por los obligados tributarios que no han realizado el ingreso correspondiente.

El libro que se presenta tiene como propósito ofrecer una visión integral de los procedimientos de recaudación tributaria, abordando tanto las normas comunes aplicables a los procedimientos tributarios como los aspectos específicos de la recaudación tributaria. En particular, se analizarán los artículos 160 a 177 de la LGT, que definen y regulan las funciones administrativas para el cobro de las deudas tributarias, así como los artículos correspondientes del Reglamento General de Recaudación (RGR), que detallan los procedimientos y actuaciones necesarias para garantizar la efectividad de la recaudación.

El procedimiento de recaudación constituye la «fase ejecutiva» de la aplicación de los tributos: el momento en que la obligación tributaria, ya determinada, debe efectivamente convertirse en ingreso para la Hacienda Pública. En la Ley 58/2003, General Tributaria (LGT), este ámbito se sistematiza en el título III, capítulo V, artículos 160 a 177, configurando un verdadero «derecho de ejecución» de los créditos tributarios.

El punto de partida es el concepto de recaudación del artículo 160 de la LGT, que la define como el conjunto de funciones administrativas encaminadas al cobro de las deudas tributarias, tanto en período voluntario como en período ejecutivo. A partir de aquí, la ley articula un entramado de reglas que afecta directamente a la posición jurídica del obligado al pago y a las facultades de la Administración tributaria para hacer efectivo su crédito.

El procedimiento de apremio, regulado entre los artículos 163 y 173 de la citada LGT, presenta una naturaleza eminentemente administrativa y no acumulable a otros procedimientos de ejecución. Se inicia mediante la providencia de apremio, que adquiere fuerza ejecutiva equiparable a la de una sentencia judicial y habilita la actuación coactiva sobre el patrimonio del deudor. A través de este cauce se despliegan las facultades de embargo de bienes y derechos (arts. 169 y 170), la ejecución preferente de garantías (art. 168), la enajenación forzosa de los bienes trabados (art. 172) y, en su caso, la declaración de crédito incobrable y la baja por insolvencia provisional (art. 173).

La LGT dedica además una atención específica a la posición de terceros en la recaudación. De un lado, regula la concurrencia de procedimientos y la interacción con la jurisdicción y el concurso de acreedores (art. 164), así como las causas y efectos de la suspensión del apremio, incluidas las tercerías de dominio y de mejor derecho (art. 165). De otro, establece un régimen propio para la derivación de la acción recaudatoria frente a responsables solidarios y subsidiarios (arts. 174 a 176), y frente a sucesores de personas físicas y jurídicas (art. 177), cerrando el círculo de sujetos potencialmente llamados a responder de la deuda.

Es importante destacar que el pago voluntario de las deudas tributarias constituye una alternativa que permite evitar el inicio del procedimiento de recaudación en período ejecutivo. Este pago, realizado dentro de los plazos establecidos, no solo exime al obligado tributario de los recargos y medidas coercitivas propias del período ejecutivo, sino que también refleja el cumplimiento espontáneo de las obligaciones tributarias, contribuyendo al sostenimiento de los gastos públicos y al equilibrio financiero de las administraciones.

En este contexto, el libro busca no solo profundizar en los aspectos técnicos y normativos de los procedimientos de recaudación tributaria, sino también fomentar una comprensión más amplia de la importancia del cumplimiento voluntario como mecanismo para evitar las consecuencias más gravosas del período ejecutivo. Así, se pretende ofrecer una herramienta útil tanto para profesionales del ámbito tributario como para aquellos interesados en conocer el funcionamiento de uno de los pilares esenciales del sistema fiscal español.

1.
NORMAS COMUNES EN LOS PROCEDIMIENTOS TRIBUTARIOS

Regulación común en los procedimientos tributarios

Las normas comunes en los procedimientos tributarios en España están reguladas principalmente por la Ley 58/2003, de 17 de diciembre, General Tributaria (LGT). En particular, el **capítulo II,** del título III de la LGT regula las normas que han de regir los procedimientos de aplicación de los tributos regulados en el título III de la ley, esto es, los procedimientos de gestión, inspección y recaudación.

La Ley General Tributaria recoge exclusivamente las especialidades que presentan los procedimientos tributarios respecto a las disposiciones generales sobre procedimiento administrativo, que serán de aplicación salvo lo expresamente previsto en las normas tributarias. La **disposición adicional 1.ª de la LPAC** establece en este sentido que las disposiciones de esta ley regirán **supletoriamente** en defecto de norma tributaria aplicable.

- Los procedimientos de **gestión e inspección** se rigen por el Real Decreto 1065/2007, de 27 de julio, por el que se aprueba el Reglamento General de las actuaciones y los procedimientos de gestión e inspección tributaria y de desarrollo de las normas comunes de los procedimientos de aplicación de los tributos.

- El de **apremio** por el Real Decreto 939/2005, de 29 de julio, por el que se aprueba el Reglamento General de Recaudación.

- El **procedimiento sancionador** en materia tributaria se rige por las normas especiales contenidas en el título IV (artículo 207 de la LGT), por el Real Decreto 2063/2004, de 15 de octubre, por el que se aprueba el Reglamento general del régimen sancionador tributario, y supletoriamente por las generales del procedimiento administrativo sancionador establecidas en la LPAC (artículos 53, 56, 77 y 85).

Las **especialidades** más significativas que presentan los procedimientos tributarios en las distintas fases son las siguientes:

- En la **fase de iniciación**, el procedimiento puede instarse de oficio o por el obligado tributario, mediante las modalidades de autoliqui-dación, declaración, comunicación, solicitud o por cualquier medio previsto en la normativa tributaria (artículo 98 de la LGT). El interés público que subyace en la represión del fraude fiscal lleva a admitir la denuncia pública en el artículo 114 de la LGT.

- En la **fase de desarrollo**, en el procedimiento tributario, a diferencia de lo establecido con carácter general en el artículo 82 de la LPAC, podrá prescindirse del trámite de audiencia previo a la propuesta de resolución (artículo 99.8 de la LGT), cuando se suscriban actas con acuerdo o cuando puedan formularse alegaciones después de la propuesta de resolución. También presenta singularidad la prác-tica de la prueba (artículo 99.6 de la LGT), no resultando necesaria la apertura de un período específico ni la comunicación previa de las actuaciones a los interesados (a diferencia de los artículos 77.2 y 78 de la LPAC).

- La falta de **resolución** en plazo presenta ciertamente especialidades respecto del procedimiento administrativo común. En lo demás se contemplan las causas generales de terminación del procedimiento, con la singularidad de la terminación convencional mediante las ac-tas con acuerdo.

Según lo señalado por el artículo 97 de la LGT, las **actuaciones y procedi-mientos de aplicación de los tributos** se regularán:

- Por las normas especiales establecidas en la Ley General Tributaria y la normativa reglamentaria dictada en su desarrollo, así como por las normas procedimentales recogidas en otras Leyes tributarias y en su normativa reglamentaria de desarrollo.

- Supletoriamente, por las disposiciones generales sobre los procedi-mientos administrativos.

También resulta interesante el título III del RGAT, dedicado a los principios y disposiciones generales de la aplicación de los tributos, especialmente el capítulo III, titulado «Normas comunes sobre actuaciones y procedimientos tributarios».

A TENER EN CUENTA. En cuanto a los procedimientos especiales de revisión hay que atender a las normas especiales establecidas en los artículos 213 y ss. de la LGT y por el Reglamento General de Revisión en Vía Administrativa (Real Decreto 520/2005, de 13 de mayo).

1.1. Principios generales en la aplicación de los tributos

La aplicación de los tributos: aproximación a los principios generales

Los artículos 83 a 96 de la Ley General Tributaria (LGT) regulan aspectos fundamentales relacionados con la aplicación de los tributos, la información y asistencia a los obligados tributarios, y el deber de colaboración. Antes de adentrarnos en las normas comunes sobre actuaciones y procedimientos tributarios, conviene destacar determinados aspectos y principios generales de la aplicación de los tributos.

|| Competencia y ámbito de aplicación de los tributos

El artículo 83 de la LGT establece el ámbito de aplicación de los tributos, señalando que comprende todas las actividades administrativas dirigidas a la información y asistencia a los obligados tributarios, así como a la gestión, inspección y recaudación. Además, incluye las actuaciones de los obligados tributarios en el ejercicio de sus derechos y el cumplimiento de sus obligaciones tributarias y también el ejercicio de las actividades administrativas y de las actuaciones de los obligados que se realicen en el marco de la asistencia mutua.

Este artículo también señala que las funciones de aplicación de los tributos deben ejercerse de forma separada de la resolución de las reclamaciones económico-administrativas que se interpongan contra los actos dictados por la Administración tributaria, garantizando la independencia en los procedimientos.

> **CUESTIÓN**
>
> **¿Cómo se desarrolla la aplicación de los tributos?**
>
> Se desarrollará a través de los siguientes procedimientos:
>
> - De gestión.
> - De inspección.
> - De recaudación.
> - Otros procedimientos previstos en el título III de la LGT.

Por otra parte, se complementa esta regulación al establecer que corresponde a cada Administración tributaria determinar su estructura administrativa para el ejercicio de la aplicación de los tributos.

En cuanto a la **competencia territorial** en la aplicación de los tributos, el artículo 84 de la LGT establece que se atribuirá al órgano que se determine por la Administración tributaria, en desarrollo de sus facultades de organización, a través de una disposición que deberá ser objeto de publicación en el boletín oficial correspondiente. En el caso de que no exista una disposición expresa, se atribuirá la competencia al órgano funcional inferior en cuyo ámbito territorial radique el domicilio fiscal del obligado tributario. Conviene destacar aquí la **STS n.º 1487/2024, de 23 de septiembre, ECLI:ES:TS:2024:4703**, en la que se analiza ampliamente el citado artículo, su desarrollo y sus implicaciones, afirmando que el artículo 84 de la LGT no fija un mapa cerrado de competencias territoriales, sino que remite a la propia Administración tributaria la determinación de la estructura y de la competencia territorial, mediante normas de organización que deben publicarse oficialmente, estableciendo como criterio supletorio que en defecto de disposición expresas, la competencia territorial corresponde al órgano en cuyo ámbito se sitúe el domicilio fiscal del obligado tributario. La sentencia subraya que esta flexibilidad organizativa (autoorganización) debe ir unida a un fuerte autocontrol: publicidad de las normas, transparencia, motivación y respeto a los derechos del contribuyente.

|| Información y asistencia a los obligados tributarios

La LGT dedica varios artículos a garantizar la información y asistencia a los obligados tributarios. En este sentido, el artículo 85 de la LGT establece que la Administración tributaria debe proporcionar información y asistencia sobre sus derechos y obligaciones. Esto incluye:

- La publicación de textos actualizados de las normas tributarias y de la doctrina administrativa de más trascendencia.

- Las comunicaciones y actuaciones de información realizadas por los servicios destinados a tal efecto en los órganos de la Administración tributaria.

- Las contestaciones a consultas escritas.

- Las actuaciones previas de valoración.

- La asistencia a los obligados en la realización de declaraciones, autoliquidaciones y comunicaciones tributarias.

CUESTIÓN

¿Qué son las consultas tributarias escritas y cuáles son sus efectos según los artículos 88 y 89 de la Ley General Tributaria?

Las consultas tributarias escritas permiten a los obligados tributarios y a ciertas entidades formular preguntas a la Administración tributaria sobre el régimen, clasificación o calificación tributaria que les corresponda, siempre que se presenten antes de los plazos establecidos para cumplir con sus obligaciones tributarias. Estas consultas deben cumplir requisitos reglamentarios y son respondidas por los órganos competentes en un plazo de seis meses, sin que la falta de respuesta implique aceptación de los criterios expresados en la consulta.

Las respuestas a estas consultas tienen efectos vinculantes para la Administración tributaria en relación con el consultante, siempre que no se modifique la legislación o jurisprudencia aplicable y no se alteren las circunstancias del caso. Además, los criterios expresados en las respuestas pueden aplicarse a otros obligados tributarios en casos de identidad de hechos y circunstancias. Sin embargo, estas respuestas no interrumpen los plazos tributarios ni son recurribles, aunque sí lo son los actos administrativos posteriores que se basen en ellas.

|| La colaboración en la aplicación de los tributos

El artículo 92 de la LGT establece el deber de colaboración de los obligados tributarios con la Administración, disponiendo en su primer apartado que: «*Los interesados podrán colaborar en la aplicación de los tributos en los términos y condiciones que reglamentariamente se determinen*».

Especialmente relevante resulta lo dispuesto en el artículo 93 de la LGT que regula las obligaciones de información y señala que tanto las personas físicas y jurídicas, como las mencionadas en el artículo 35.4 de la LGT (las herencias yacentes, comunidades de bienes y demás entidades que, carentes de personalidad jurídica, constituyan una unidad económica o un patrimonio separado susceptible de imposición), están obligadas a proporcionar a la Administración tributaria los datos, informes, antecedentes y justificantes con trascendencia tributaria relacionados con el cumplimiento de sus propias obligaciones tributarias o deducidos de sus relaciones económicas, profesionales o financieras con otras personas.

La LGT contiene un listado de obligaciones de información para determinados obligados que consisten en:

- Los retenedores y los obligados a realizar ingresos a cuenta deberán presentar relaciones de los pagos dinerarios o en especie realizados a otras personas o entidades.

- Las sociedades, asociaciones, colegios profesionales u otras entidades que, entre sus funciones, realicen la de cobro de honorarios profesionales o de derechos derivados de la propiedad intelectual, industrial, de autor u otros por cuenta de sus socios, asociados o colegiados, deberán comunicar estos datos a la Administración tributaria.

- Las personas o entidades, incluidas las bancarias, crediticias o de mediación financiera en general que, legal, estatutaria o habitualmente, realicen la gestión o intervención en el cobro de honorarios profesionales o en el de comisiones, por las actividades de captación, colocación, cesión o mediación en el mercado de capitales deberán comunicar dichos datos a la Administración tributaria.

- Las personas o entidades depositarias de dinero en efectivo o en cuentas, valores u otros bienes de deudores a la Administración tributaria en período ejecutivo estarán obligadas a informar a los órganos de recaudación y a cumplir los requerimientos efectuados por los mismos en el ejercicio de sus funciones.

- Las personas y entidades que, por aplicación de la normativa vigente, conocieran o estuvieran en disposición de conocer la identificación de los beneficiarios últimos de las acciones deberán cumplir ante la Administración tributaria con los requerimientos u obligaciones de información que reglamentariamente se establezcan respecto a dicha identificación.

- Las personas jurídicas o entidades deberán comunicar a la Administración tributaria la identificación de los titulares reales de las mismas.

Por su parte, el artículo 94 de la LGT regula los deberes de informar y colaborar de determinadas autoridades, de partidos políticos, sindicatos, juzgados y tribunales...

La obligación de informar del artículo 93 de la LGT se desarrolla en el RGAT, concretamente en su capítulo V, del título II, dedicado precisamente a las obligaciones de información.

RESOLUCIÓN RELEVANTE

Sentencia del Tribunal Supremo n.º 1766/2023, de 21 de diciembre, ECLI:ES:TS:2023:5872

Asunto: carácter autónomo del requerimiento de información.

«(...) en función de su objeto, cabe distinguir requerimientos individualizados de obtención de información que versan sobre las propias obligaciones tributarias del requerido, de aquellos otros en los que el requerimiento se refiere a datos no del propio requerido sino de terceros con los que aquel ha mantenido relaciones económicas, profesionales o financieras.

Pues bien, aunque el precepto únicamente parece reconocer el carácter autónomo (es decir, fuera de un procedimiento de aplicación de los tributos) del requerimiento individualizado dirigido a terceros, cabe entender que también los dirigidos al obligado tributario pueden realizarse fuera del procedimiento de comprobación o investigación pues, en ningún caso, suponen el inicio de dicho procedimiento.

Por tanto, en función del momento en que se formulen, los requerimientos individualizados de obtención de información pueden efectuarse con carácter previo a la iniciación de los procedimientos de aplicación de los tributos o formularse en el curso de un procedimiento ya iniciado, distinción que, aparte de la relevancia que entraña por lo que se refiere al régimen de impugnación (constituir o no un acto de trámite), incide, directamente, sobre el plazo del que dispone la Administración para realizar una actuación con trascendencia tributaria y, en definitiva, para acotar el régimen jurídico de la caducidad».

El carácter reservado de los datos tributarios y la publicidad de determinados incumplimientos

El artículo 95 de la Ley General Tributaria (LGT) establece el carácter reservado de los datos obtenidos por la Administración tributaria en el desempeño de sus funciones. Dichos datos solo pueden ser utilizados para la aplicación efectiva de los tributos o recursos cuya gestión tenga encomendada y para la imposición de sanciones que procedan. La cesión o comunicación de estos datos a terceros está prohibida, salvo en los casos tasados que se mencionan en el propio artículo, como, por ejemplo, la colaboración con órganos jurisdiccionales y el Ministerio Fiscal en la investigación de delitos graves (artículo 95.1.a de la LGT) o la colaboración con Administraciones públicas para el desarrollo de sus funciones, previa autorización de los obligados tributarios (artículo 95.1.k de la LGT).

La jurisprudencia confirma que este régimen busca concretar los principios del régimen general de protección de datos, dotando de carácter reservado a la información tributaria. La cesión de datos solo es válida si se ajusta a los fines tributarios mencionados en la norma o a los supuestos de interés público tasados en el artículo 95.1. Además, en casos de cesión para fines no tributarios, se requiere la autorización expresa del interesado. Por ejemplo, el RGAT, aprobado por el Real Decreto 1065/2007, de 27 de julio, exige que las Administraciones públicas que soliciten datos tributarios por medios electrónicos, informáticos y telemáticos, identifiquen claramente los datos requeridos, sus titulares, la finalidad de la solicitud y cuenten con el consentimiento expreso de los afectados o la autorización correspondiente. En este sentido podemos citar la **STS n.º 643/2025, de 27 de mayo, ECLI:ES:TS:2025:2435**, en la que se concluye que: «(…) *si una Administración, para el ejercicio de las funciones que le son propias, solicita de la AEAT la cesión de datos tributarios, tal cesión será con fines tributarios; ahora bien, si es para el ejercicio de otras potestades ajenas a las tributarias y no hay una norma legal que lo prevea, deberá contar con la previa autorización del interesado. Por tanto, el acto dictado con base en unos datos tributarios cedidos será conforme a Derecho si la cesión respeta las reglas del artículo 95.1 de la LGT*».

Relacionado con este carácter reservado se encuentra el artículo 95 bis de la LGT que faculta a la Administración tributaria a publicar periódicamente un **listado de los deudores a la Hacienda pública**. Este consiste en una publicación periódica de listados comprensivos de deudores a la Hacienda pública, incluidos los que tengan la condición de deudores al haber sido declarados responsables solidarios, por deudas o sanciones tributarias cuando concurran las circunstancias reguladas en el mentado artículo 95 bis de la LGT (deudas y sanciones superiores a 600.000 euros que no hubiesen sido pagadas en periodo voluntario).

1.2. Fases de los procedimientos tributarios

Las fases en el procedimiento tributario

Los procedimientos tributarios en España se estructuran en tres fases principales: iniciación, desarrollo y terminación. Así lo recoge la Ley General Tributaria que dedica sus artículos 98 a 100 a analizar cada una de estas fases y sus particularidades.

|| Iniciación de los procedimientos tributarios

El artículo 98 de la LGT dispone que los procedimientos tributarios podrán iniciarse de los siguientes modos:

- De oficio.
- A instancia del obligado tributario:
  - » Mediante autoliquidación.
  - » Mediante declaración.
  - » Mediante comunicación.
  - » Mediante solicitud.
- O por cualquier otro medio previsto en la normativa tributaria.

La Administración tributaria podrá aprobar modelos y sistemas normalizados de autoliquidaciones, declaraciones, comunicaciones, solicitudes o cualquier otro medio previsto en la normativa tributaria, y los pondrá a disposición de los obligados tributarios.

En el ámbito de competencias del Estado, el ministro o la ministra de Hacienda podrá determinar los supuestos y condiciones en los que los obligados tributarios deberán presentar por **medios telemáticos** sus declaraciones, autoliquidaciones, comunicaciones, solicitudes y cualquier otro documento con trascendencia tributaria.

A TENER EN CUENTA. El artículo 114 de la LGT reconoce otro modo de iniciarse el procedimiento: la denuncia pública. En este sentido señala que mediante denuncia pública podrán ponerse en conocimiento de la Administración tributaria hechos o situaciones que puedan ser constitutivos de infracciones tributarias o tener trascendencia para la aplicación de los tributos, y regula los pasos a seguir por la Administración tras la recepción de la denuncia.

CUESTIONES

1. ¿Qué debe de incluirse en los documentos de iniciación de las actuaciones y procedimiento?

En todo caso, deberán incluirse:

- El nombre y apellidos, o razón social del obligado tributario.
- El número de identificación fiscal del obligado tributario.
- En su caso, los mismos datos de la persona que lo represente.

2. Si se constata un error en uno de estos datos, por ejemplo el NIF, ¿puede rectificarse en el mismo procedimiento o debe iniciarse uno nuevo?

Para dar respuesta a esta cuestión podemos citar la **sentencia del Tribunal Superior de Justicia de Murcia n.º 163/2025, de 14 de abril, ECLI:ES:TSJMU:2025:1582,** en la que no consideran procedente un nuevo expediente para subsanar este error:

«Es cierto que, conforme el artículo 98.2 de la Ley General Tributaria, los documentos de iniciación de las actuaciones y procedimientos tributarios deberán incluir, en todo caso, el nombre y apellidos o razón social y el número de identificación fiscal del obligado tributario y, en su caso, de la persona que lo represente y, que en este supuesto se produjo un error en el acuerdo de inicio.

Igualmente, que el error en cuanto al NIF del declarado responsable subsidiario pudiera constituir un error que cabría calificar de hecho y que, de acuerdo con el artículo 109.2 de la LRJPAC puede, de oficio, rectificarse en cualquier momento.

(...)

Sin embargo, esta Sala no considera que, en realidad, estuviera justificada la incoación de este segundo expediente sobre la base de un mero error de hecho en el número del NIF de uno de los miembros del Consejo de Administración frente a los que se dirige, pues ello es contrario al principio de buena administración, ya que, en otro caso, se estaría amparando la posibilidad de incoar sucesivos expedientes en tanto no estuviera prescrito el derecho a reclamar y subsanar cuantas deficiencias se pudieran producir en el seno de este».

En el caso de la **iniciación de oficio**, el artículo 87 del RGAT dispone que requerirá acuerdo del órgano competente para su inicio:

- Por propia iniciativa.
- Como consecuencia de orden superior.
- A petición razonada de otros órganos.

El inicio del procedimiento se lleva a cabo mediante la comunicación notificada al obligado tributario o mediante personación. Además, el RGAT aclara que podrá iniciarse directamente con la notificación de la propuesta de resolución o de liquidación, cuando así estuviera previsto.

La comunicación de inicio contendrá, en su caso, los siguientes datos:

- Lugar y fecha de su expedición.
- Nombre y apellidos o razón social o denominación completa y número de identificación fiscal de la persona o entidad a la que se dirige.
- Lugar al que se dirige.
- Hechos o circunstancias que se comunican o contenido del requerimiento que se realiza mediante la comunicación.
- Órgano que la expide y nombre, apellidos y firma de la persona que la emite.
- Procedimiento que se inicia.
- Objeto del procedimiento con indicación expresa de las obligaciones tributarias o elementos de las mismas y, en su caso, períodos impositivos o de liquidación o ámbito temporal.
- Requerimiento que, en su caso, se formula al obligado tributario y plazo que se concede para su contestación o cumplimiento.
- Efecto interruptivo del plazo legal de prescripción.
- En su caso, la propuesta de resolución o de liquidación cuando la Administración cuente con la información necesaria para ello.
- En su caso, la indicación de la finalización de otro procedimiento de aplicación de los tributos, cuando dicha finalización se derive de la comunicación de inicio del procedimiento que se notifica.

El obligado tributario tendrá un plazo no inferior a 10 días para comparecer y aportar la documentación requerida y la que considere conveniente, así como para realizar las alegaciones que estime oportunas (con la excepción de los supuestos en que la iniciación se produzca mediante personación).

CUESTIÓN

Una vez iniciado el procedimiento de oficio, ¿qué ocurre con las declaraciones presentadas por el obligado tributario relacionadas con las obligaciones y períodos objeto del propio procedimiento?

El apartado 5 del artículo 87 del RGAT da respuesta a esta cuestión al señalar:

«Las declaraciones o autoliquidaciones tributarias que presente el obligado tributario una vez iniciadas las actuaciones o procedimientos, en relación con las obli-

> gaciones tributarias y períodos objeto de la actuación o procedimiento, en ningún caso iniciarán un procedimiento de devolución ni producirán los efectos previstos en los artículos 27 y 179.3 de la Ley 58/2003, de 17 de diciembre, General Tributaria, sin perjuicio de que en la liquidación que, en su caso, se practique se pueda tener en cuenta la información contenida en dichas declaraciones o autoliquidaciones.
>
> Asimismo, los ingresos efectuados por el obligado tributario con posterioridad al inicio de las actuaciones o procedimientos, en relación con las obligaciones tributarias y períodos objeto del procedimiento, tendrán carácter de ingresos a cuenta sobre el importe de la liquidación que, en su caso, se practique, sin que esta circunstancia impida la apreciación de las infracciones tributarias que puedan corresponder. En este caso, no se devengarán intereses de demora sobre la cantidad ingresada desde el día siguiente a aquel en que se realizó el ingreso».

Cuando el **procedimiento se inicie a instancia del obligado tributario** hay que atender a lo dispuesto en el artículo 88 del RGAT que contempla que podrá realizarse mediante autoliquidación, declaración, comunicación de datos, solicitud o cualquier otro medio previsto en la normativa aplicable, que podrán ser presentados en papel o por medios electrónicos, informáticos y telemáticos.

En el caso de que se inicie mediante solicitud, se exige que esta contenga como mínimo:

- Nombre y apellidos o razón social o denominación completa, número de identificación fiscal del obligado tributario y, en su caso, del representante.
- Hechos, razones y petición en que se concrete la solicitud.
- Lugar, fecha y firma del solicitante o acreditación de la autenticidad de su voluntad expresada por cualquier medio válido en derecho.
- Órgano al que se dirige.
- La documentación acreditativa de la representación, en el caso de que se actúe mediante representante.
- Puede incluirse domicilio a efectos de notificaciones.

Si no contuviese alguno de estos datos se requerirá al interesado para que en un plazo de 10 días subsane la falta o acompañe los documentos preceptivos, indicándole que si así no lo hiciera se le tendrá por desistido y se procederá al archivo sin más trámite.

RESOLUCIÓN ADMINISTRATIVA

Consulta vinculante (V2269-18), de 1 de agosto de 2018

Asunto: Competencia para aprobar modelos de declaración, autoliquidación y comunicación.

«El citado precepto [artículo 98 de la LGT] es objeto de desarrollo por parte del artículo 117 del Reglamento General de las actuaciones y los procedimientos de gestión e inspección tributaria y de desarrollo de las normas comunes de los procedimientos de aplicación de los tributos, aprobado por el Real Decreto 1065/2007, de 27 de julio, el cual establece en su apartado 1 lo siguiente:

*"1. A efectos de lo previsto en el artículo 98.3 de la Ley 58/2003, de 17 de diciembre, General Tributaria, en el **ámbito de competencias del Estado**, los modelos de declaración, autoliquidación y comunicación de datos se aprobarán por el **Ministro de Economía y Hacienda**, que establecerá la forma, lugar y plazos de su presentación y, en su caso, del ingreso de la deuda tributaria, así como los supuestos y condiciones de presentación por medios electrónicos, informáticos y telemáticos.*

Asimismo, podrá aprobar la utilización de modalidades simplificadas o especiales de declaración, autoliquidación o comunicación de datos y los supuestos en los que los datos consignados se entenderán subsistentes para periodos sucesivos, si el contribuyente no comunica variación en los mismos.".

*Por tanto, en el **ámbito de las competencias propias de las Entidades Locales**, todo lo señalado anteriormente deberá **ajustarse a lo dispuesto en la normativa propia y específica que regula la gestión de los tributos locales**».*

|| El desarrollo de las actuaciones y procedimientos tributarios

En el desarrollo de las actuaciones y procedimientos tributarios, la Administración facilitará en todo momento a los obligados tributarios el ejercicio de los derechos y el cumplimiento de sus obligaciones:

- Los obligados tributarios pueden rehusar la presentación de los documentos que no resulten exigibles por la normativa tributaria y de aquellos que hayan sido previamente presentados por ellos mismos y que se encuentren en poder de la Administración tributaria actuante. En todo caso, podrá requerirse al interesado que ratifique datos específicos propios o de terceros que hubiesen sido aportados previamente.

- Los obligados tributarios tienen derecho a que se les expida certificación de las autoliquidaciones, declaraciones y comunicaciones que hayan presentado o de extremos concretos contenidos en las mismas.

- El obligado que sea parte en una actuación o procedimiento tributario podrá obtener a su costa copia de los documentos que figuren en el expediente, salvo que afecten a intereses de terceros o a la intimidad de otras personas o que así lo disponga la normativa vigente. Las copias se facilitarán en el trámite de audiencia o, en defecto de éste, en el de alegaciones posterior a la propuesta de resolución.

- El acceso a los registros y documentos que formen parte de un expediente concluido a la fecha de la solicitud y que obren en los archivos administrativos únicamente podrá ser solicitado por el obligado tributario que haya sido parte en el procedimiento tributario.

CUESTIONES

1. ¿Cuándo pueden llevarse a cabo las actuaciones?

A la hora de establecer el lugar y horario de las actuaciones el artículo 90 del RGAT diferencia tres supuestos:

- Si las actuaciones se realizan en oficinas públicas se llevarán a cabo dentro del horario oficial de apertura al público y, en todo caso, dentro de la jornada de trabajo.

– Si por el contrario se desarrollan en los locales del obligado tributario deberá respetarse la jornada laboral de oficina o de la actividad que se realice en ellos, salvo que exista consentimiento del obligado tributario.

– Si existiese una autorización judicial para la entrada en el domicilio del obligado tributario constitucionalmente protegido, las actuaciones se ajustarán a lo que disponga dicha autorización en relación con la jornada y el horario para realizarlas.

2. ¿Pueden ampliarse los plazos de tramitación?

Sí, el artículo 91 del RGAT recoge la posibilidad de que el órgano a quien corresponda la tramitación del procedimiento pueda conceder una ampliación de los plazos de tramitación, a petición de los obligados tributarios. No podrá exceder de la mitad de dicho plazo ni concederse más de una ampliación. Para otorgarla se exigen 3 requisitos:

– Que se solicite con anterioridad a los tres días previos a la finalización del plazo que se pretende ampliar.

– Que se justifique la concurrencia de circunstancias que lo aconsejen.

– Que no se perjudiquen derechos de terceros.

Además, hay que destacar que esta ampliación se entenderá automáticamente concedida por la mitad del plazo inicialmente fijado con la presentación en plazo de la solicitud, salvo que se notifique de forma expresa la denegación antes de la finalización del plazo que se pretende ampliar, y si la concesión de la ampliación es expresa podrá establecerse un plazo de ampliación distinto e inferior.

3. ¿Tienen los obligados tributarios derecho a acceder a los registros y documentos del expediente?

Sí, y en este sentido conviene destacar los siguientes artículos del RGAT:

– Artículo 94 del RGAT: Regula el acceso a archivos y registros administrativos.

– Artículo 95 del RGAT: Dedicado a la obtención de copias y sus condiciones.

| La práctica de la prueba

A diferencia de lo que ocurre en el procedimiento administrativo común, en los procedimientos tributarios no se exige la apertura de un período específico ni la comunicación previa de las actuaciones a los interesados para la práctica de la prueba.

Tal y como señala el **Tribunal Supremo en su auto, rec. n.º 5958/2023, de 29 de mayo de 2024, ECLI:ES:TS:2024:6252A**, con relación al procedimiento sancionador: «*Es cierto que la normativa reguladora del procedimiento sancionador tributario posee determinadas singularidades respecto del régimen común. Entre otras, no se prevé la apertura de un periodo específico de prueba (art. 99.6 LGT, por remisión del art. 207.b) y 210.1 LGT) y se permite que se incorpore al acuerdo de inicio del procedimiento la propuesta de imposición sanción cuando se encuentren en poder del órgano competente todos los elementos que permitan fundar, a su juicio, dicha propuesta (art. 210.5 LGT)*».

| La documentación de las actuaciones

Las actuaciones de la Administración tributaria en los procedimientos de aplicación de los tributos se documentarán en comunicaciones, diligencias, informes y otros documentos previstos en la normativa específica de cada procedimiento.

El apartado 7 del artículo 99 de la LGT nos facilita las definiciones de:

- **Comunicaciones:** son los documentos a través de los cuales la Administración notifica al obligado tributario el inicio del procedimiento u otros hechos o circunstancias relativos al mismo o efectúa los requerimientos que sean necesarios a cualquier persona o entidad. Las comunicaciones podrán incorporarse al contenido de las diligencias que se extiendan. Deberán contener, como mínimo:

  » Lugar y fecha de su expedición.

  » Nombre y apellidos o razón social o denominación completa y número de identificación fiscal de la persona o entidad a la que se dirige.

  » Lugar al que se dirige.

  » Hechos o circunstancias que se comunican o contenido del requerimiento que se realiza mediante la comunicación.

  » Órgano que la expide y nombre y apellidos y firma de la persona que la emite.

  » En el caso de que sirva para notificar el inicio de una actuación o procedimiento también deberá incluir el contenido previsto en el artículo 87.3 del RGAT.

- **Diligencias:** son los documentos públicos que se extienden para hacer constar hechos, así como las manifestaciones del obligado tributario o persona con la que se entiendan las actuaciones. Las diligencias no podrán contener propuestas de liquidaciones tributarias. Como mínimo, las diligencias contendrán:

  » Lugar y fecha de su expedición.

  » Nombre, apellidos y firma de la persona al servicio de la Administración tributaria interviniente.

  » Nombre y apellidos y número de identificación fiscal y firma de la persona con la que, en su caso, se entiendan las actuaciones, así como el carácter o representación con el que interviene.

  » Nombre y apellidos o razón social o denominación completa y número de identificación fiscal del obligado tributario al que se refieren las actuaciones.

  » Procedimiento o actuación en cuyo curso se expide.

  » Hechos y circunstancias que se hagan constar.

  » Las alegaciones o manifestaciones con relevancia tributaria realizadas, en su caso, por el obligado tributario, entre las que deberá figurar la conformidad o no con los hechos y circunstancias que se hacen constar.

Además, en las mismas, también podrá hacerse constar:

» La iniciación de la actuación o procedimiento y las comunicaciones y requerimientos que se efectúen a los obligados tributarios.

» Los resultados de las actuaciones de obtención de información.

» La adopción de medidas cautelares en el curso del procedimiento y la descripción de estas.

» Los hechos resultantes de la comprobación de las obligaciones.

» La representación otorgada mediante declaración en comparecencia personal del obligado tributario ante el órgano administrativo competente.

» Los hechos y circunstancias determinantes de la iniciación de otro procedimiento o que deban ser incorporados en otro ya iniciado.

• **Informes:** son documentos emitidos por los órganos de la Administración tributaria, de oficio o a petición de terceros, en aquellos supuestos en los que sean preceptivos conforme al ordenamiento jurídico, los soliciten otros órganos y servicios de las Administraciones públicas o los poderes legislativo y judicial, en los términos previstos por las Leyes, y cuando resulten necesarios para la aplicación de los tributos. En particular, el artículo 100 del RGAT, dispone que deberá emitirse informe por los órganos de aplicación de los tributos en dos supuestos:

» Cuando se complementen las diligencias que recojan hechos o conductas que pudieran ser constitutivos de infracciones tributarias y no corresponda al mismo órgano la tramitación del procedimiento sancionador.

» Cuando se aprecien indicios de delito contra la Hacienda pública y se remita el expediente al órgano judicial competente o al Ministerio Fiscal

| Trámite de audiencia y alegaciones

Durante el trámite de audiencia se pondrá de manifiesto al obligado tributario el expediente, que incluirá:

• Las actuaciones realizadas.

• Todos los elementos de prueba que obren en poder de la Administración.

• Los informes emitidos por otros órganos.

• Además, se incorporarán las alegaciones y los documentos que los obligados tributarios tienen derecho a presentar en cualquier momento anterior al trámite de audiencia, que serán tenidos en cuenta por los órganos competentes al redactar la correspondiente propuesta de resolución o de liquidación.

En los procedimientos tributarios se podrá prescindir del trámite de audiencia previo a la propuesta de resolución cuando:

- Se suscriban actas con acuerdo.
- Cuando en las normas reguladoras del procedimiento esté previsto un trámite de alegaciones posterior a dicha propuesta. El expediente se pondrá de manifiesto en el trámite de alegaciones.
- El artículo 96 del RGAT añade otro supuesto en el que se puede prescindir del trámite de audiencia, o en su caso del plazo para formular alegaciones, cuando no figuren en el procedimiento ni sean tenidos en cuenta en la resolución otros hechos ni otras alegaciones y pruebas que las presentadas por el interesado.

Cuando se prescinda del trámite de audiencia por estar previsto un trámite de alegaciones posterior a la propuesta de resolución o de liquidación, la Administración tributaria deberá notificar al obligado dicha propuesta para que efectúe las alegaciones que considere oportunas.

Este trámite de alegaciones no podrá tener una duración inferior a 10 días ni superior a 15. Cuando antes del vencimiento del plazo de audiencia o, en su caso, de alegaciones, el obligado tributario manifestase su decisión de no efectuar alegaciones ni aportar nuevos documentos ni justificantes, se tendrá por realizado el trámite y se dejará constancia en el expediente de dicha circunstancia.

El Real Decreto-Ley 22/2020, de 16 de junio, añadió un nuevo apartado 9 al artículo 99 de la LGT, vigente desde el 17 de junio de 2020, en el que se regula la posibilidad de que las actuaciones de la Administración y de los obligados tributarios en los procedimientos de aplicación de los tributos puedan realizarse a través de sistemas digitales que, mediante la videoconferencia u otro sistema similar, permitan la comunicación bidireccional y simultánea de imagen y sonido, la interacción visual, auditiva y verbal entre los obligados tributarios y el órgano actuante, y garanticen la transmisión y recepción seguras de los documentos que, en su caso, recojan el resultado de las actuaciones realizadas, asegurando su autoría, autenticidad e integridad. El uso de estos sistemas se llevará a cabo cuando lo determine la Administración Tributaria, y requiere la conformidad del obligado tributario en relación con su uso y con la fecha y hora en la que se desarrolle.

A TENER EN CUENTA. Tras el trámite de audiencia no podrán incorporarse al expediente más documentos acreditativos de los hechos, salvo que se demuestre que fue imposible haberlos aportado antes de la finalización de dicho trámite.

RESOLUCIÓN RELEVANTE

Sentencia del Tribunal Superior de Justicia de Andalucía n.º 2086/2025, de 3 de octubre, ECLI:ES:TSJAND:2025:16039

Asunto: Prevalencia de la normativa tributaria sobre la Ley 39/2015.

«La Sala entiende que no es aplicable al caso de autos el invocado por la actora art. 28 de la Ley 39/2015 porque la normativa tributaria contiene también reglas

relativas a la aportación de documentos por los contribuyentes y son las que deben ser observadas en el presente supuesto, concretamente los arts. 34 y 99 LGT.

El art. 34.1.h) establece en favor del contribuyente el Derecho a no aportar aquellos documentos ya presentados por ellos mismos y que se encuentren en poder de la Administración actuante, siempre que el obligado tributario indique el día y procedimiento en el que los presentó

Y el Artículo 99. Desarrollo de las actuaciones y procedimientos tributarios.

1. En el desarrollo de las actuaciones y procedimientos tributarios, la Administración facilitará en todo momento a los obligados tributarios el ejercicio de los derechos y el cumplimiento de sus obligaciones, en los términos previstos en los apartados siguientes.

2. Los obligados tributarios pueden rehusar la presentación de los documentos que no resulten exigibles por la normativa tributaria y de aquellos que hayan sido previamente presentados por ellos mismos y que se encuentren en poder de la Administración tributaria actuante. Se podrá, en todo caso, requerir al interesado la ratificación de datos específicos propios o de terceros, previamente aportados.

La ley 39/2015 rige el procedimiento administrativo común, y los procedimientos tributarios se rigen por la Ley General Tributaria, que a su vez se remite a la Ley 39/2015 para aspectos no previstos en su legislación específica, siendo aquélla derecho supletorio del Derecho Tributario conforme al art. 7.2 LGT

En el ámbito tributario se suprime la referencia a "otras Administraciones" y se restringe "a la Administración actuante", así como debe tratarse de documentos y no de meros datos.

Por tanto conforme a los preceptos de la LGT el obligado tributario podrá no aportar o rehusar la aportación de documentos cuando no resulten exigibles conforme a la normativa vigente o cuando ya hayan sido presentados por aquél y obren en poder de la Administración tributaria actuante».

‖ Terminación de los procedimientos tributarios

La Ley General Tributaria dedica su **artículo 100** a analizar la terminación de los procedimientos tributarios, y señala las formas en las que estos procedimientos se terminan:

- La **resolución**. Tendrá la consideración de resolución la contestación efectuada de forma automatizada por la Administración tributaria en aquellos procedimientos en que esté prevista esta forma de terminación.

- El **desistimiento**.

- La **renuncia** al derecho en que se fundamente la solicitud.

- La imposibilidad material de continuarlos por **causas sobrevenidas**.

- La **caducidad**.

- El **cumplimiento de la obligación** que hubiera sido objeto de requerimiento.

- Cualquier otra causa prevista en el ordenamiento tributario.

Con relación a la resolución, el artículo 101 del RGAT exige que la misma sea motivada en los supuestos que disponga la normativa aplicable, y aclara que decidirá todas las cuestiones planteadas propias de cada procedimiento y aquellas otras que se deriven de él.

La resolución deberá contener:

- Nombre y apellidos o razón social o denominación completa del obligado tributario.
- Número de identificación fiscal del obligado tributario.
- Fecha.
- Identificación del órgano que dicta la resolución.
- Identificación del derecho u obligación tributaria objeto del procedimiento.
- En su caso, los hechos y fundamentos de derecho que la motivan.
- Además, en el caso de que contenga una liquidación, incluirá, si precede, los intereses de demora correspondientes.

1.3. Liquidaciones tributarias provisionales o definitivas

Liquidaciones tributarias: concepto y tipos

En sentido amplio, la gestión tributaria comprende la función liquidatoria y la recaudatoria. La cuantificación de la deuda tributaria, compleja en ocasiones en tributos de cuota variable, constituye pues una de las actividades esenciales de la Administración tributaria.

Las liquidaciones tributarias son actos administrativos mediante los cuales la Administración tributaria determina el importe de la deuda tributaria o la cantidad que, en su caso, resulte a devolver o compensar, conforme a la normativa tributaria.

La concepción tradicional del procedimiento liquidatorio, basado en las cuatro fases de declaración, liquidación provisional, comprobación y liquidación definitiva, se encuentra ampliamente superada en un sistema tributario masivo; actualmente la cuantificación de la deuda puede ser realizada en muchos casos por el **propio obligado tributario** mediante la declaración-autoliquidación. Este nuevo fenómeno de socialización de la gestión tributaria se ve compensado con la asunción de funciones de comprobación e investigación por los órganos administrativos de gestión ante el mayor riesgo de fraude fiscal; paralelamente los órganos de inspección asumen funciones liquidadoras. Con ello se encuentra superada la tradicional distinción entre funciones gestoras de liquidación y funciones inspectoras de comprobación y liquidación, que ahora se delimitan en función del carácter masivo o individualizado de la correspondiente actuación administrativa.

La liquidación admite un **doble significado**:

- Como procedimiento de liquidación, comprende la serie de actividades precisas para la cuantificación de la deuda.
- En sentido estricto, equivale al acto administrativo de la liquidación del tributo.

En el sentido del **artículo 101 de la LGT**, es un acto resolutorio, realizado por el órgano competente de la Administración, mediante el cual realiza las operaciones de cuantificación necesarias y determina el importe de la deuda tributaria o de la cantidad que, en su caso resulte a devolver o a compensar de acuerdo con la normativa tributaria. En palabras de la DGT, en su consulta vinculante (V4779-16), de 10 de noviembre: «(...) *la liquidación tributaria puede calificarse como un acto administrativo resolutorio con el que, en su caso, finalizan los procedimientos de aplicación de los tributos*».

La liquidación tiene que ser **motivada**, con referencia a los hechos y fundamentos de derecho. Así lo establece el artículo 103.3 de la LGT, de acuerdo con la regla general establecida en el artículo 35 de la LPAC, bajo la sanción de nulidad. El acto liquidatorio deberá expresar, pues, los presupuestos y criterios que ha tenido en cuenta la Administración tributaria para cuantificar la prestación.

CUESTIÓN

¿Las autoliquidaciones realizadas por el propio contribuyente se incluyen en este concepto?

No, sólo las liquidaciones practicadas por la Administración tienen el carácter de acto administrativo; no así la autoliquidación del administrado (artículo 120 de la LGT), que, aunque supone la cuantificación de la prestación no constituye acto resolutorio. Por ello, la autoliquidación no es susceptible de impugnación, en cuanto en todo caso requiere un acto administrativo, expreso o presunto, confirmatorio o revocatorio, que es el acto impugnable. La liquidación no conduce, pues, en todo caso, a un ingreso a favor del Tesoro, en cuanto puede dar lugar a una devolución a favor del obligado tributario.

|| Tipos de liquidaciones

La LGT distingue entre liquidaciones provisionales y definitivas. La **liquidación definitiva** es la practicada previa comprobación administrativa del hecho imponible y de su valoración, siempre que la comprobación se haya realizado en el procedimiento de inspección, y la actuación haya tenido alcance general en el sentido del artículo 148 de la LGT, sin que baste, en consecuencia, la comprobación en fase de gestión o la comprobación realizada por la Inspección con carácter parcial sobre alguno de los elementos de la obligación tributaria.

Por lo tanto, fuera de los casos en que la liquidación es definitiva conforme a los criterios expuestos, la liquidación tiene **carácter provisional.** Así, el artículo 139.2 de la LGT establece que se dictará liquidación provisional tras el procedimiento de comprobación limitada. Podrán dictarse liquidaciones provisionales en el procedimiento de inspección en los siguientes supuestos:

- Cuando alguno de los elementos de la obligación tributaria se determine en función de los correspondientes a otras obligaciones que no hubieran sido comprobadas, que hubieran sido regularizadas mediante liquidación provisional o mediante liquidación definitiva que no fuera firme, o cuando existan elementos de la obligación tributaria cuya comprobación con carácter definitivo no hubiera sido posible durante el procedimiento, en los términos que se establezcan reglamentariamente.

- Cuando proceda formular distintas propuestas de liquidación en relación con una misma obligación tributaria. Se entenderá que concurre esta circunstancia en los siguientes casos:

  » Que las actas con acuerdo a las que se refiere el artículo 155 de la LGT no incluya todos los elementos de la obligación tributaria.

  » Cuando la conformidad del obligado no se refiera a toda la propuesta de regularización.

  » Cuando se realice una comprobación de valor y no sea el objeto único de la regularización.

  » Cuando así esté previstos reglamentariamente.

- También tendrán el carácter de provisionales las liquidaciones dictadas que se encuentren referidas a elementos de la obligación tributaria vinculados con un posible delito contra la Hacienda Pública.

Tal y como recoge la **Dirección General de Tributos en su consulta vinculante (V0821-20), de 13 de abril de 2020**:

> «**El carácter de liquidación provisional no afecta en absoluto a la eficacia de la misma** y a la obligación del sujeto pasivo de proceder al ingreso de la deuda tributaria en los plazos establecidos.
> La eficacia de la liquidación tributaria no está supeditada a ninguna firma por parte del sujeto pasivo, ni a la aceptación por su parte».

La liquidación definitiva, a diferencia de la provisional, sólo puede ser rectificada por la Administración siguiendo el procedimiento formal de revisión de actos administrativos o a través de su impugnación. Por el contrario, la liquidación provisional puede ser rectificada por la Administración en el mismo procedimiento de gestión, aunque con determinadas limitaciones cuando se haya seguido un procedimiento de comprobación limitada (artículo 140 de la LGT).

En este sentido el **Tribunal Supremo en su sentencia n.º 288/2022, de 8 de marzo, ECLI:ES:TS:2022:861**, se refiere a la diferencia entre los dos tipos de liquidaciones en los siguientes términos:

> «(…) La dicotomía entre liquidaciones provisionales y definitivas **no obedece a que las primeras tengan limitada en el tiempo su eficacia** -como la Administración entendió en este caso-, **sino a que son susceptibles de rectificación en un posterior procedimiento de aplicación de los tributos**. Por acudir a un símil procesal, las liquidaciones provisionales no pasan en autoridad de cosa juzgada.

La emisión de una u otra clase de liquidación no es un acto discrecional, sino reglado. Las liquidaciones practicadas en el procedimiento inspector "previa comprobación e investigación de la totalidad de los elementos de la obligación tributaria", son definitivas, según el apartado 3.a) del mencionado art. 101. Y dado que la Inspección en este caso había comprobado la totalidad de los elementos de la obligación del contribuyente relativa al impuesto sucesorio, no estaba habilitada para dictar una liquidación provisional».

|| La notificación de las liquidaciones tributarias

Las liquidaciones deberán ser **notificadas** a los obligados tributarios en los términos previstos en la sección III del capítulo II del título III de la LGT (artículos 109 a 112), que a su vez se remite al régimen de notificaciones previsto en las normas administrativas con algunas especialidades.

En cuanto al lugar de práctica de las notificaciones hay que diferenciar dos supuestos:

- Cuando se trate de procedimientos iniciados a solicitud del interesado: la notificación se practicará en el lugar señalado a tal efecto por el obligado tributario o su representante o, en su defecto, en el domicilio fiscal de uno u otro.

- Cuando se trate de procedimientos iniciados de oficio: la notificación podrá practicarse en el domicilio fiscal del obligado tributario o su representante, en el centro de trabajo, en el lugar donde se desarrolle la actividad económica o en cualquier otro adecuado a tal fin.

Si la notificación se practicase en el lugar señalado al efecto por el obligado tributario o por su representante, o en el domicilio fiscal de uno u otro, de no hallarse presentes en el momento de la entrega, podrá hacerse cargo de la misma cualquier persona que se encuentre en dicho lugar o domicilio y haga constar su identidad, así como los empleados de la comunidad de vecinos o de propietarios donde radique el lugar señalado a efectos de notificaciones o el domicilio fiscal del obligado o su representante (artículo 111.1 de la LGT).

Si el interesado o su representante rechazan la notificación se tendrá por efectuada.

En el caso de que no sea posible efectuar la notificación al interesado o a su representante por causas no imputables a la Administración tributaria e intentada al menos dos veces en el domicilio fiscal, o en el designado por el interesado si se trata de un procedimiento iniciado a solicitud del mismo, se harán constar en el expediente las circunstancias de los intentos de notificación. Será suficiente un único intento si el destinatario figura como desconocido en el domicilio o lugar indicado.

En este caso, se citará al interesado o a su representante para que sea notificado mediante comparecencia, a través de anuncios publicados una sola vez para cada interesado en el «Boletín Oficial del Estado». La publicación en el BOE se realizará los lunes, miércoles y viernes de cada semana. Estos anuncios podrán también exponerse en la oficina de la Administración tributaria correspondiente al último domicilio fiscal conocido. Si el último domicilio conocido estuviera en el extranjero, el anuncio podrá exponerse en el consulado o sección consular de la embajada correspondiente.

En la publicación se incluirá la relación de notificaciones pendientes, indicando el obligado tributario o su representante, el procedimiento que las motiva, el órgano competente para su tramitación, así como el lugar y plazo en el que el destinatario deberá comparecer para ser notificado.

La comparecencia deberá realizarse en un plazo de 15 días naturales, contados desde el día siguiente a la publicación del anuncio en el BOE. Si transcurrido dicho plazo el interesado no comparece, la notificación se considerará efectuada a todos los efectos legales el día siguiente al vencimiento del plazo señalado.

En caso de que el inicio de un procedimiento o cualquiera de sus trámites se consideren notificados por la falta de comparecencia del obligado tributario o su representante, se entenderá que este ha sido notificado de las actuaciones y diligencias posteriores del procedimiento. No obstante, se mantendrá el derecho del interesado a comparecer en cualquier momento del mismo. Las liquidaciones que se dicten en el procedimiento y los acuerdos de enajenación de bienes embargados deberán ser notificados conforme a lo establecido en la sección III del capítulo II del título III de la LGT.

Sobre la eficacia de la notificación el Tribunal Supremo ha señalado que la misma debe valorarse en cada caso concreto, recalcando la dificultad de establecer una doctrina general. A modo de ejemplo, véase la **STS n.º 448/2021, de 25 de marzo, ECLI:ES:TS:2021:1117**:

> «Ha declarado esta Sala en numerosas ocasiones, como luego se expondrá, que, con carácter general y, por lo tanto, también en el ámbito tributario, la eficacia las notificaciones se encuentra estrechamente ligada a las circunstancias concretas del caso, lo que comporta inevitablemente un importante grado de casuismo en la materia, que exige que debamos partir del factum establecido en la sentencia recurrida.
>
> Resulta, pues, difícil juzgar en abstracto toda la casuística que la eficacia de las notificaciones puede producir, resultando, en consecuencia, muy complicado establecer una doctrina general. En efecto, el casuismo es, realmente, inagotable y exige estar al material probatorio del que se dispone en cada caso y a las declaraciones que -como hechos que no pueden controvertirse en casación- hayan efectuado los órganos de instancia.
>
> De ahí la dificultad de formar una jurisprudencia que vaya más allá de la respuesta que resuelva este asunto, lo que comporta que no pueda fijarse una doctrina general con valor de jurisprudencia sobre esta cuestión».

Además, el Tribunal Supremo también ha destacado en distintas ocasiones —como la **STS, recurso n.º 4484/2012, de 27 de noviembre, ECLI:ES:TS:2014:4922**— la importancia de valorar:

• El grado de diligencia mostrada tanto por el interesado como por la Administración.

- El conocimiento que, no obstante, el incumplimiento en su notificación de todas o algunas de las formalidades previstas en la norma, el interesado haya podido tener del acto o resolución por cualesquiera medios.

- El comportamiento de los terceros que, en atención a la cercanía o proximidad geográfica con el interesado, pueden aceptar y aceptan la notificación.

Y añade, con relación a la buena fe exigible a ambas partes, que:

«a) Que el acto o resolución debe entenderse por correctamente practicada cuando, como advierten expresamente algunas normas vigentes (arts. 111.2 LGT; 59.4 de la Ley 30/1992; y 43.a) del Real Decreto 1829/1999), **el interesado rehúse su notificación** [Sentencia de esta Sala de 18 de diciembre de 2008 (rec. cas. núm. 3302/2006), FD Tercero; en los mismos términos, Sentencias de 2 de abril de 2009 (rec. cas. núm. 3251/2006), FD Tercero; y de 16 de diciembre de 2010 (rec. cas. núm. 3943/2007), FD Tercero].

b) Que carece de trascendencia que la notificación sea defectuosa si **consta que el interesado ha podido conocer la decisión que se le pretendía comunicar**; porque el principio de buena fe impide tutelar al recurrente cuando utiliza los errores incurridos por la Administración en la notificación, «con propósitos no de auténtica defensa, sino de obstrucción a la actuación de la Administración tributaria» [Sentencia de 28 de julio de 2000 (rec. cas. núm. 6927/1995), FD Tercero].

c) Que si **el interesado incumple con la carga de comunicar el domicilio o el cambio del mismo**, en principio -y, reiteramos la precisión, siempre que la Administración haya demostrado la diligencia y buena fe que también le son exigibles-, debe sufrir las consecuencias perjudiciales de dicho incumplimiento [Sentencias de 10 de junio de 2009, cit., FD Cuarto; y de 16 de junio de 2009, cit., FD Segundo].

d) Y, finalmente, que, con carácter general, **no cabe que el interesado alegue que la notificación se produjo en un lugar o con persona improcedente cuando recibió sin problemas y sin reparo alguno otras recogidas en el mismo sitio o por la misma persona** [STC 155/1989, de 5 de octubre, FJ 3; ATC 89/2004, de 22 de marzo, FJ 3; ATC 387/2005, de 13 de noviembre, FJ 3; Sentencias del Tribunal Supremo de 28 de octubre de 2004 (rec. cas. en interés de ley núm. 70/2003), FD Cuarto; de 27 de noviembre de 2008 (rec. cas. núm. 5565/2006), FD Cuarto; y de 22 de marzo de 1997 (rec. de apelación. núm. 12960/1991), FD Segundo]».

Las liquidaciones notificadas deben incluir:

- La identificación del obligado tributario.

- Los elementos determinantes de la cuantía de la deuda tributaria.

- La motivación de las mismas cuando no se ajusten a los datos consignados por el obligado tributario o a la aplicación o interpretación de la normativa realizada por el mismo, con expresión de los hechos y elementos esenciales que las originen, así como de los fundamentos de derecho.

- Los medios de impugnación que puedan ser ejercidos, órgano ante el que hayan de presentarse y plazo para su interposición.
- El lugar, plazo y forma en que debe ser satisfecha la deuda tributaria.
- Su carácter de provisional o definitiva.

En los tributos de cobro periódico, una vez notificada la liquidación correspondiente al alta en el respectivo registro, padrón o matrícula, podrán notificarse colectivamente las sucesivas liquidaciones mediante edictos que así lo adviertan.

Así lo ha ratificado el Tribunal Supremo en su **sentencia, recurso n.º 2884/2010, de 19 de diciembre de 2011, ECLI:ES:TS:2011:9135**: «(...) *en las liquidaciones de tributos de cobro periódico, una vez notificada la correspondiente al alta, las sucesivas liquidaciones no requieren de notificación individual, siendo suficiente la notificación colectiva, mediante edictos que así lo adviertan, salvo que no exista identidad sustancial entre los datos y elementos esenciales de la liquidación inicial y las posteriores periódicas*».

Cuando exista un aumento de base imponible sobre la resultante de las declaraciones deberá notificarse al contribuyente con expresión concreta de los hechos y elementos adicionales que lo motiven, excepto cuando la modificación provenga de revalorizaciones de carácter general autorizadas por las leyes.

En los supuestos que así se determine reglamentariamente no será preceptiva la notificación expresa, siempre que la Administración así lo advierta por escrito al obligado tributario o a su representante.

RESOLUCIÓN RELEVANTE

Sentencia del Tribunal Supremo n.º 448/2021, de 25 de marzo, ECLI:ES:TS:2021:1117

Asunto: El carácter residual de la notificación edictal.

«En particular, el máximo intérprete de nuestra Constitución, subrayando el **carácter "residual", "subsidiario", "supletorio" y "excepcional", de "último remedio"** *-apelativos, todos ellos, empleados por el Tribunal-* **de la notificación mediante edictos** *[SSTC 65/1999, de 26 de abril, FJ 2; 55/2003, de 24 de marzo, FJ 2; 43/2006, de 13 de febrero, FJ 2; 163/2007, de 2 de julio, FJ 2; 223/2007, de 22 de octubre, FJ 2; 231/2007, de 5 de noviembre, FJ 2; 2/2008, de 14 de enero, FJ 2; y 128/2008, de 27 de octubre, FJ 2], ha señalado que tal procedimiento "sólo puede ser empleado cuando se tiene la convicción o certeza de la inutilidad de cualquier otra modalidad de citación" (STC 65/1999, cit., FJ 2); que el órgano judicial " ha de extremar las gestiones en averiguación del paradero de sus destinatarios por los medios normales a su alcance, de manera que el acuerdo o resolución judicial que lleve a tener a la parte en un proceso como persona en ignorado paradero debe fundarse en criterios de razonabilidad que conduzcan a la certeza, o cuando menos a una convicción razonable, de la inutilidad de los medios normales de citación" (...)*

Ahora bien, sobre estas afirmaciones generales deben hacerse algunas **matizaciones***:*

*- En primer lugar, que e**l deber de diligencia del órgano judicial a la hora de indagar el domicilio no tiene siempre la misma intensidad, sino que varía en función del acto que se comunica** (inicio de actuaciones judiciales o actos procesales de un procedimiento ya abierto) [SSTC 113/2001, cit., FJ 5; 150/2008, de 17 de noviembre, FJ 2; y 158/2008, de 24 de noviembre, FJ 2].*

- En segundo lugar, que " **dicha obligación debe ponderarse en función de la mayor o menor dificultad que el órgano judicial encuentre para la identificación o localización de los titulares de los derechos e intereses en cuestión**, *pues no puede imponérseles a los Tribunales la obligación de llevar a cabo largas y complejas indagaciones ajenas a su función" (STC 188/1987, de 27 de noviembre, FJ 2; y Sentencia de esta Sala 12 de julio de 2010 (rec. cas. núm. 90/2007), FD Tercero); sin que se pueda "demandar del Juez o Tribunal correspondiente una desmedida labor investigadora y de cercioramiento sobre la efectividad del acto de comunicación en cuestión" (STC 113/2001, de 7 de mayo, FJ 5; en términos parecidos, SSTC 55/2003, de 24 de marzo, FJ 2; 90/2003, de 19 de marzo, FJ 2; 43/2006, de 13 de febrero, FJ 2; y 76/2006, de 13 de marzo).*

- En tercer lugar, el Tribunal Constitucional viene señalando que **existe un especial deber de diligencia de la Administración cuando se trata de la notificación de sanciones**, *con relación a las cuales, en principio, "antes de acudir a la vía edictal", debe "intentar la notificación en el domicilio que aparezca en otros registros públicos" (SSTC 32/2008, de 25 de febrero, FJ 2; y 128/2008, de 27 de octubre, FJ 2).*

Todos los citados elementos deben ser ponderados tendiendo siempre presente, de un lado, el principio antiformalista que, como ya hemos señalado, rige en materia de notificaciones, y, en síntesis, viene a implicar que, en este ámbito, **lo decisivo no es que se cumplan las formalidades legales, sino que el interesado haya tenido o haya podido tener conocimiento tempestivo del acto**; *y, de otro, el principio de buena fe que debe regir las relaciones entre la Administración y los administrados».*

1.4. Resolución de los procedimientos tributarios

La resolución de los procedimientos tributarios: regulación y efectos

La Administración tributaria está obligada a resolver expresamente todas las cuestiones que se planteen en los procedimientos de aplicación de los tributos, así como a notificar dicha resolución expresa.

No existirá obligación de resolver en los siguientes procedimientos:

- En los relativos al ejercicio de derechos que sólo deben ser objeto de comunicación por el obligado tributario.
- En los que se produzca la caducidad, la pérdida sobrevenida del objeto del procedimiento, la renuncia o el desistimiento de los interesados.

Sin embargo, incluso en estos supuestos, a solicitud del interesado, la Administración se encuentra obligada a dictar resolución, entendida en un sentido amplio, en la que declare que ha tenido lugar alguno de las referidas circunstancias.

El apartado tercero del artículo 103 de la LGT dispone que deberán ser motivados y con referencia sucinta a los hechos y fundamentos de derecho:

- Los actos de liquidación.

- Los actos de comprobación de valor.
- Los que impongan una obligación.
- Los que denieguen un beneficio fiscal.
- La suspensión de la ejecución de actos de aplicación de los tributos.
- Aquellos otros que se señalen en la normativa vigente.

La motivación de los actos administrativos, recogida con carácter general en el artículo 35 de la LPAC, y específicamente en el ámbito tributario en el artículo 103 de la LGT, está estrechamente relacionada con la prohibición de indefensión establecida en el artículo 24 de la CE. El deber de motivación alcanza a actos tributarios en sentido estricto o a decisiones de procedimiento. En cuanto a lo primero, resulta necesario que la Administración razone debidamente la concurrencia de los elementos esenciales que integran el **hecho imponible**, su atribución al sujeto pasivo y las demás circunstancias con trascendencia tributaria que conduzcan a la regularización o liquidación. Pero además de ello, la Administración debe motivar determinados actos de **carácter procesal**, como el que decide sobre la ejecución o suspensión de los actos de aplicación de los tributos.

CUESTIÓN

¿Qué datos deberá contener la resolución?

El artículo 101 del RGAT, en su apartado segundo, dispone que la resolución deberá mencionar expresamente:

- El nombre y apellidos o razón social o denominación completa del obligado tributario.
- El número de identificación fiscal del obligado tributario.
- La fecha.
- La identificación del órgano que dicta la resolución.
- La identificación del derecho u obligación tributaria objeto del procedimiento.
- En su caso, los hechos y fundamentos de derecho que la motivan.

Además, cuando la resolución contenga una liquidación, contendrá los intereses de demora correspondientes.

RESOLUCIÓN RELEVANTE

Sentencia del Tribunal Supremo n.° 494/2023, de 19 de abril, ECLI:ES:TS:2023:1811

Asunto: La extensión del plazo para resolver que exceda el plazo legal determinado requiere resolución expresa.

«(...) el artículo 91 RGI puede y debe ser objeto de una interpretación conforme en su contraste con los artículos 103 LGT con relación al artículo 54 Ley 30/1992 (artículo 35 Ley 39/2015) y con el citado art. 32 de la Ley 39/2015 .

*De ese modo, esa previsión reglamentaria -que fomenta la agilidad procedimental-, **puede justificar que la Administración no resuelva expresamente la petición del contribuyente sobre la extensión del plazo y, pese a ello, se entienda concedida la misma, únicamente cuando esa ampliación no traspase el ámbito temporal que tiene la Administración para resolver en plazo**, es decir, cuando no exista conflicto, porque de todas formas -con o sin ampliación- la prescripción no juega en su contra.*

> *Sin embargo, cuando el otorgamiento de la ampliación **suponga exceder del plazo legal de terminación del procedimiento**, la Administración no puede invocar la "concesión automática" de la ampliación sobre la base del art 91 RGIT para imputar una dilación indebida al contribuyente y poder mantener así, que ha liquidado en plazo, desde el momento que esa extensión temporal sirve, al mismo tiempo, **para afirmar su derecho (el de la Administración) y para negar otro (el del contribuyente), lo que precisaría que se hubiera colmado la obligación legal de "resolver expresamente todas las cuestiones que se planteen en los procedimientos de aplicación de los tributos, así como a notificar dicha resolución expresa"** (artículo 103.1 LGT)"».*

|| Plazos de resolución y efectos de la falta de resolución expresa

De acuerdo con la regla general establecida en el artículo 104 de la LGT, el plazo máximo para resolver en el procedimiento tributario es, salvo disposición en contrario, de **seis meses**, y su incumplimiento produce las consecuencias jurídicas que se detallan más abajo.

Este plazo tiene significadas excepciones, como, por ejemplo, el plazo en procedimientos especiales de revisión de actos nulos del **artículo 217.6 de la LGT**, o el plazo para resolver la reclamación económico-administrativa del **artículo 240.2 de la LGT**. Y también excepcionalmente, el procedimiento de apremio puede extenderse durante todo el tiempo que dura el plazo de prescripción del derecho que lo motiva.

La obligación de notificar dentro del plazo máximo de duración de los procedimientos se entenderá cumplida cuando se acredite que se ha realizado un intento de notificación que contenga el texto íntegro de la resolución. Cuando se trate de sujetos obligados o acogidos voluntariamente a recibir notificaciones practicadas por medio electrónicos, esta obligación de notificar en plazo se entiende cumplida con la puesta a disposición de la notificación en la sede electrónica de la Administración Tributaria o en la dirección electrónica habilitada.

Hay que tener en cuenta, que la LGT especifica que **no se incluirán en el cómputo del plazo** de resolución:

- Los períodos de interrupción justificada que se especifiquen reglamentariamente.
- Las dilaciones en el procedimiento por causa no imputable a la Administración Tributaria.
- Los períodos de suspensión del plazo que se produzcan conforme a lo previsto en la LGT.

Por su parte, el artículo 102 del RGAT añade que tanto los períodos de interrupción justificada, como las dilaciones por causa no imputable a la Administración y los periodos de suspensión y de extensión del plazo del procedimiento inspector **deberán documentarse adecuadamente** para su constancia en el expediente. Además, los períodos de interrupción justificada y las dilaciones por causa no imputable a la Administración no impedirán la práctica de las actuaciones que durante dicha situación pudieran desarrollarse.

El artículo 103 del RGAT contiene un listado de supuestos en los que se entenderá que estamos ante **períodos de interrupción justificada**:

- Cuando, por cualquier medio, se pidan datos, informes, dictámenes, valoraciones o documentos a otros órganos o unidades administrativas de la misma o de otras Administraciones, por el tiempo que transcurra desde la remisión de la petición hasta la recepción de aquellos por el órgano competente para continuar el procedimiento, sin que la interrupción por este concepto pueda exceder, para todas las peticiones de datos, informes, dictámenes, valoraciones o documentos que pudieran efectuarse, de seis meses. Cuando se trate de solicitudes formuladas a otros Estados, este plazo será de 12 meses.

- Cuando, por cualquier medio, se pidan datos, informes, dictámenes o valoraciones a otro Estado o entidad internacional o supranacional como consecuencia de la información previamente recibida de los mismos en el marco de la asistencia mutua, por el tiempo que transcurra desde la remisión de la petición a la autoridad competente del otro Estado o entidad hasta la recepción de aquellos por el órgano competente para continuar el procedimiento, sin que la interrupción por este concepto pueda exceder, para todas las peticiones, de 12 meses.

- Cuando se aprecien indicios de delito contra la Hacienda pública y se remita el expediente al Ministerio Fiscal o a la jurisdicción competente, por el tiempo que transcurra desde dicha remisión hasta que, en su caso, se produzca la recepción del expediente devuelto o de la resolución judicial por el órgano competente para continuar el procedimiento.

- Cuando la determinación o imputación de la obligación tributaria dependa directamente de actuaciones judiciales en el ámbito penal, por el tiempo transcurrido desde que se tenga conocimiento de la existencia de dichas actuaciones y se deje constancia de este hecho en el expediente o desde que se remita el expediente a la jurisdicción competente o al Ministerio Fiscal hasta que se conozca la resolución por el órgano competente para continuar el procedimiento. Sin embargo, cuando sea posible y resulte procedente podrán practicarse liquidaciones provisionales.

- Cuando concurra alguna causa de fuerza mayor que obligue a la Administración a interrumpir sus actuaciones, por el tiempo de duración de dicha causa. No obstante, cuando sea posible y resulte procedente podrán practicarse liquidaciones provisionales.

- Cuando se plantee el conflicto de competencias ante las Juntas Arbitrales previstas en los artículos 24 de la Ley Orgánica 8/1980, de 22 de septiembre, de Financiación de las Comunidades Autónomas, 66 de la Ley 12/2002, de 23 de mayo, por la que se aprueba el Concierto Económico entre el Estado y la Comunidad Autónoma del País Vasco, y 51 de la Ley 25/2003, de 15 de julio, por la que se aprueba la modificación del Convenio Económico entre el Estado y la Comunidad Foral de Navarra, por el tiempo que transcurra desde el planteamiento del conflicto hasta la resolución dictada por la respectiva Junta Arbitral.

Por su parte, el artículo 104 del RGAT considera **dilaciones no imputables a la Administración tributaria**:

- Los retrasos por parte del obligado tributario al que se refiera el procedimiento en el cumplimiento de comparecencias o requerimientos de aportación de documentos, antecedentes o información con trascendencia tributaria formulados por la Administración tributaria. La dilación se computará desde el día siguiente al de la fecha fijada para la comparecencia o desde el día siguiente al del fin del plazo concedido para la atención del requerimiento hasta el íntegro cumplimiento de lo solicitado. Los requerimientos de documentos, antecedentes o información con trascendencia tributaria que no figuren íntegramente cumplimentados no se tendrán por atendidos a efectos de este cómputo hasta que se cumplimenten debidamente, lo que se advertirá al obligado tributario, salvo que la normativa específica establezca otra cosa.

- La aportación por el obligado tributario de nuevos documentos y pruebas una vez realizado el trámite de audiencia o, en su caso, de alegaciones. La dilación se computará desde el día siguiente al de finalización del plazo de dicho trámite hasta la fecha en que se aporten. Cuando los documentos hubiesen sido requeridos durante la tramitación del procedimiento se aplicará lo dispuesto en el punto anterior.

- La concesión por la Administración de la ampliación de cualquier plazo, así como la concesión del aplazamiento de las actuaciones solicitado por el obligado, por el tiempo que medie desde el día siguiente al de la finalización del plazo previsto o la fecha inicialmente fijada hasta la fecha fijada en segundo lugar.

- La paralización del procedimiento iniciado a instancia del obligado tributario por la falta de cumplimentación de algún trámite indispensable para dictar resolución, por el tiempo que transcurra desde el día siguiente a aquel en que se considere incumplido el trámite hasta su cumplimentación por el obligado tributario, sin perjuicio de la posibilidad de que pueda declararse la caducidad, previa advertencia al interesado.

- El retraso en la notificación de las propuestas de resolución o de liquidación, por el tiempo que transcurra desde el día siguiente a aquel en que se haya realizado un intento de notificación hasta que dicha notificación se haya producido.

- La presentación por el obligado tributario de declaraciones en las que manifiesta la realización del hecho imponible y comunique los datos necesarios para cuantificar la obligación tributaria mediante una liquidación provisional reguladas en el artículo 128 de la LGT, de comunicaciones de datos o de solicitudes de devolución complementarias o sustitutivas de otras presentadas con anterioridad. La dilación se computará desde el día siguiente al de la finalización del plazo de presentación de la declaración, comunicación de datos o solicitud de devolución o desde el día siguiente al de la presentación en los supuestos de presentación fuera de plazo hasta la presentación de la declaración, comunicación de datos o solicitud de devolución, complementaria o sustitutiva.

- La falta de presentación en plazo de la declaración informativa con el contenido de los libros registro regulada en el artículo 36 del RGAT. La dilación se computará desde el inicio de un procedimiento en el que pueda surtir efectos, hasta la fecha de su presentación.

- El retraso en la notificación derivado de lo dispuesto en la D.A. 3.ª del Real Decreto 1363/2010, de 29 de octubre, por el que se regulan supuestos de notificaciones y comunicaciones administrativas obligatorias por medios electrónicos en el ámbito de la AEAT, en supuestos en que los actos a notificar se refieren a procedimientos de aplicación de los tributos ya iniciados. Deberá quedar acreditado que la notificación pudo ponerse a disposición del obligado tributario en la fecha por él seleccionada conforme a lo dispuesto en la citada D.A. 3.ª.

- El incumplimiento de la obligación de llevanza de los libros registro del IVA a través de la Sede electrónica de la AEAT para las personas y entidades a que se refiere el artículo 62.6 del RIVA. La dilación se computará desde el inicio de un procedimiento en el que pueda surtir efectos, hasta la fecha de su presentación o registro.

> **A TENER EN CUENTA**. Los períodos de interrupción justificada y las dilaciones por causa no imputable a la Administración se contarán por días naturales, y respecto del procedimiento inspector se estará a lo dispuesto en los artículos 150 de la LGT y 184 del RGAT.

La LGT ha recogido en el artículo 104 el régimen general de los actos presuntos establecido en los artículos 24 y 25 de la LPAC, diferenciándose:

- Los procedimientos iniciados a **solicitud de interesado**, en cuyo caso el vencimiento del plazo máximo sin haberse notificado resolución expresa produce los efectos que establezca su normativa reguladora. En defecto de dicha regulación, los interesados podrán entender estimadas sus solicitudes por silencio administrativo, excepto en los siguientes supuestos en los que el silencio tendrá efecto desestimatorio:

  » En los procedimientos de ejercicio del derecho de petición regulado en el artículo 29 de la Constitución.

  » En los procedimientos de impugnación de actos y disposiciones.

- Los procedimientos **iniciados de oficio**, en los cuales el vencimiento del plazo máximo establecido sin que se haya notificado resolución expresa producirá los efectos previstos en la normativa reguladora de cada procedimiento, y en su defecto se distinguen:

  » Los procedimientos de los que pueda derivarse el reconocimiento o, en su caso, la constitución de derechos u otras situaciones jurídicas individualizadas: En estos casos los obligados tributarios podrán entender desestimados por silencio administrativo los posibles efectos favorables derivados del procedimiento.

» Los procedimientos susceptibles de producir efectos desfavorables o de gravamen: En esto casos se producirá la caducidad del procedimiento (así, por ejemplo, el procedimiento sancionador concluye por la declaración de caducidad —art. 211 de la LGT—, o la caducidad es declarada en los procedimientos especiales de revisión —arts. 217.6, 218 y. 219.4 todos ellos de la LGT—).

A TENER EN CUENTA. En los procedimientos iniciados de oficio, cuando se produzca una paralización del procedimiento por causa imputable al obligado tributario, la Administración deberá advertirle de que podrá declarar la caducidad del mismo transcurridos tres meses. Ahora bien, de acuerdo con lo establecido en el artículo 95 de la LPAC, no podrá acordarse la caducidad por la simple inactividad del interesado en la cumplimentación de trámites, siempre que no sean indispensables para dictar resolución.

CUESTIONES

1. ¿Cuándo empiezan a contarse los plazos de resolución?

Los plazos se contarán:

– En los procedimientos iniciados de oficio: desde la fecha de notificación del acuerdo de inicio.

– En los procedimientos iniciados a instancia del interesado: desde la fecha en que el documento haya tenido entrada en el registro del órgano competente para su tramitación. A estos efectos se entenderá por registro del órgano competente para la tramitación del procedimiento, el registro del órgano que resulte competente para iniciar la tramitación conforme al artículo 59 del RGAT o la normativa específica del procedimiento.

2. La resolución expresa posterior al momento en el que se considera producido el silencio administrativo, ¿se encuentra vinculada al sentido del silencio?

El apartado cuarto del artículo 101 del RGAT diferencia dos supuestos:

– Estimación por silencio administrativo: La resolución expresa posterior sólo podrá ser confirmatoria del mismo.

– Desestimación por silencio administrativo: La resolución expresa posterior al vencimiento del plazo se adoptará por la Administración sin vinculación alguna al sentido del silencio.

El **incumplimiento de los plazos máximos** de resolución (produzca o no la caducidad del procedimiento administrativo tributario) produce las siguientes consecuencias jurídicas:

• El efecto más sobresaliente es que el inicio de las actuaciones que forman parte del procedimiento no produce el efecto de interrumpir el plazo de prescripción (artículos 104.5 y 150.2 de la LGT). La caducidad no producirá, por sí sola, la prescripción de los derechos de la Administración tributaria, pero las actuaciones realizadas en los procedimientos caducados no interrumpirán el plazo de prescripción ni se considerarán requerimientos administrativos a los efectos previstos en artículo 27.1 de esta ley. Por ello, el nuevo procedimiento (en caso de caducidad) o la continuación del procedimiento sólo es posible si no ha prescrito el derecho de que se trate. Todo ello a excepción del procedimiento sancionador, que, como se ha dicho, caduca y produce el efecto de impedir un nuevo procedimiento sancionador por el mismo hecho.

- Las actuaciones realizadas en el curso de un procedimiento caducado, así como los documentos y otros elementos de prueba obtenidos en dicho procedimiento, conservarán su validez y eficacia a efectos probatorios en otros procedimientos iniciados o que puedan iniciarse con posterioridad en relación con el mismo u otro obligado tributario.

- El ingreso realizado durante el procedimiento caducado o dilatado indebidamente se considera ingreso espontáneo a efectos tributarios (artículo 150.2 de la LGT).

- No pueden exigirse intereses de demora en el período en que el procedimiento se dilató indebidamente.

Además, hay que señalar que los efectos del silencio administrativo se entenderán sin perjuicio de la facultad de la Administración de proceder a la comprobación o investigación de la situación tributaria de los obligados tributarios, con relación a la concurrencia de las condiciones y requisitos de beneficios fiscales

En la **DA 1.ª del RD 1065/2007, de 27 de julio**, se relacionan una serie de procedimientos que podrán entenderse desestimados (ap. 1) y estimados (ap. 2) por la falta de resolución en plazo.

JURISPRUDENCIA

Sentencia del Tribunal Supremo n.º 765/2025, de 16 de junio, ECLI:ES:TS:2025:2637

Asunto: Obligación de la Administración de declarar la caducidad.

«1. Se ratifica la doctrina jurisprudencial reiterada de esta Sala atinente a que la caducidad del procedimiento de gestión, susceptible de causar efectos desfavorables o de gravamen, ha de ser declarada obligatoriamente, sin que exista una pretendida facultad administrativa de no declararla. Tal declaración de caducidad ha de ser expresa, conforme a lo dispuesto en el artículo 104.5 LGT, en relación con el artículo 103.2 del mismo texto legal.

2. La falta de declaración expresa de caducidad de un procedimiento de comprobación limitada, relativo a un determinado concepto tributario (obligación tributaria o elemento de la obligación tributaria) y período impositivo, determina la invalidez del inicio de un ulterior procedimiento de inspección respecto de dicho concepto tributario (obligación tributaria o elemento de la obligación tributaria) y período impositivo».

1.5. Fase de prueba en los procedimientos tributarios

La fase probatoria en los procedimientos tributarios

El procedimiento tributario presenta la singularidad, frente al procedimiento general, de que, en lo que se refiere a la práctica de la prueba, no resulta necesaria la apertura de un período específico ni la comunicación previa de las actuaciones a los interesados (artículo 99.6 de la LGT).

La LGT señala que en su **artículo 105** que «*en los procedimientos de aplicación de los tributos quien haga valer su derecho deberá probar los hechos constitutivos del mismo*». Además, aclara que el deber de probar de los obligados tributarios se entenderá cumplido cuando estos designen de modo concreto los elementos de prueba en poder de la Administración tributaria. Es decir, el artículo 105 de la LGT establece un principio fundamental en los procedimientos de aplicación de los tributos: la **carga de la prueba recae sobre quien haga valer su derecho.**

Este deber de prueba se desarrolla en los artículos 105 a 108 de la LGT, que recogen los principales aspectos que regirán la prueba en el ámbito fiscal.

Corresponde a la Administración realizar la actividad precisa para la determinación de los hechos, elementos, y circunstancias que acrediten la obligación tributaria. Le corresponde pues a la **Administración la prueba del hecho imponible y de los elementos** que permiten su cuantificación. Es claro que no corresponde al contribuyente la prueba de su obligación. La Administración goza de determinados **privilegios** en esta tarea:

- En primer término, tiene la **potestad de calificación de los hechos**, dentro de ciertos límites.

- En segundo lugar, la **presunción de legalidad** de la actuación administrativa. Aunque debe aclararse convenientemente que la presunción de legalidad de la actuación administrativa no implica el desplazamiento de la carga de la prueba al obligado tributario, si así fuera se daría una patente de corso a la Administración para dictar cualesquiera actos sin las exigencias de determinación y motivación que en cada caso requieran.

Al respecto de la presunción de legalidad de la administración en el ámbito tributario se ha pronunciado en multitud de ocasiones nuestra jurisprudencia, reproducimos aquí un extracto de una sentencia del Tribunal Supremo que recoge parte de la jurisprudencia más interesante en lo que nos ocupa:

«El artículo 105.1 LGT establece expresamente que en " los procedimientos de aplicación de los tributos quien haga valer su derecho deberá probar los hechos constitutivos del mismo ". Determina, pues, que la carga de la prueba de los hechos constitutivos de la pretensión de cada parte corresponde a la parte que sostiene dicha pretensión, afirmación de principio que, tal y como recuerda la entidad recurrente, se ha venido interpretando por esta Sala de la siguiente forma: el artículo 114.1 de la derogada LGT de 1963, cuyo tenor literal era muy similar al del vigente artículo 105.1 LGT." es un "precepto que de igual modo obliga al contribuyente como a la Administración", de manera que es a la Inspección de los Tributos a la que corresponde probar "los hechos en que descansa la liquidación impugnada", "sin que pueda desplazarse la carga de la prueba al que niega tales hechos", "convirtiendo aquella en una probatio diabolica referida a hechos negativos" [Sentencia de 18 de febrero de 2000 (rec. cas. núm. 3537/1995), FD Tercero]; pero cuando la liquidación tributaria se funda en las actuaciones inspectoras practicadas, que constan debidamente documentadas, es al contribuyente a quien incumbe desvirtuar las conclusiones alcanzadas por la Administración [Sentencias de 15 de febrero de 2003 (rec. cas. núm. 1302/1998), FD Séptimo; de 5 de julio de 2007 (rec. cas. para la unificación de doctrina núm. 251/2002), FD Cuarto; de 26 de octubre de 2007 (rec. cas. para la unificación de doctrina núm. 88/2003), FD Quinto; de 12 de noviembre de 2008 (rec. cas. para la unificación de doctrina núm. 370/2004), FD Cuarto.1]. En este sentido, hemos señalado que "[e]n los procedimientos de aplicación de los tributos quien haga valer su derecho (sea la Administración o los obligados tributarios) deberá probar los hechos constitutivos del mismo. Con ello, la LGT respeta el criterio general del Ordenamiento sobre la carga de la prueba, sin que el carácter imperativo de las normas procedimentales tributarias ni la presunción de legalidad y validez de los actos tributarios afecten al referido principio general.- En Derecho Tributario, la carga de la prueba tiene una referencia específica en el art. 114 LGT que impone a cada parte la prueba del hecho constitutivo de su pretensión, en términos afines a las tradicionales doctrinas civilistas". Tratándose -hemos dicho- "de un procedimiento administrativo inquisitivo, impulsado de oficio, ni la prueba ni carga de la prueba pueden tener la misma significación que en un proceso dispositivo. Comenzando por el hecho de que **la Administración deberá averiguar los hechos relevantes para la aplicación del tributo, incluidos, en su caso, los que pudieran favorecer al particular, aún no alegados por éste**. Y en pro de esa finalidad se imponen al sujeto pasivo del tributo, e incluso a terceros, deberes de suministrar, comunicar o declarar datos a la Administración, cuando no de acreditarlos, así como se establecen presunciones que invierten la carga de la prueba dispensando al ente público de la acreditación de los hechos presuntos.- La jurisprudencia es abundantísima sobre la carga de la prueba en el procedimiento de gestión tributaria, haciéndose eco e insistiendo en el principio general del art. 114 LGT y entendiendo que ello supone normalmente que la Administración ha de probar la existencia del hecho imponible y de los elementos que sirvan para cuantificarlos y el particular los hechos que le beneficien como los constitutivos de exenciones y beneficios fiscales, los no sujetos, etc. [Sentencia de 23 de enero de 2008 (rec. cas. para la unificación de doctrina núm. 95/2003), FD Cuarto; en sentido similar, Sentencia de 16 de octubre de 2008 (rec. cas. núm. 9223/2004), FD Quinto]. Así, hemos señalado que, en virtud del citado art. 114 L.G.T., correspondía al sujeto pasivo probar la efectividad y necesidad de los gastos cuya deducción se pretende [Sentencias de 19 de diciembre de 2003 (rec. cas. núm. 7409/1998), FD Sexto; de 9 de octubre de 2008 (rec. cas. núm. 1113/2005), FD Cuarto.1; de 16 de octubre de 2008, cit., FD Quinto de 15 de diciembre de 2008 (rec. cas. núm. 2397/2005), FD Tercero.3; de 15 de mayo de 2009 (rec. cas. núm. 1428/2005), FD Cuarto.1] " [sentencia de 25 de junio de 2009, FD Sexto (rec. cas. núm. 9180/2003) (ES: TS:2009:5841); y, en idénticos o parecidos términos, entre otras muchas, posteriormente, sentencias de 16 de junio de 2011, FD Tercero (rec. cas. núm. 4029/2008) (ES: TS:2011:4517); de 13 de octubre de 2011, FD Tercero (rec. cas. núm. 2283/2008) (ES: TS:2011:7229); de 2 de febrero de 2012, FD Tercero (rec. cas. núm. 686/2009) (ES: TS:2012:859); de 5 de julio de 2012, FD Sexto (rec. cas. núm. 2627/2009) (ES: TS:2012:5617); de 24 de marzo de 2014, FD Segundo (rec. cas. núm. 1028/2011) (ES: TS:2014:1195); o, en fin, de 12 de febrero de 2015, FD Quinto (rec. cas. núm. 2859/2013) (ES: TS:2015:527)]». **STS n.º 175/2019, de 13 de febrero, ECLI:ES:TS:2019:474**.

- En ciertos supuestos la ley ha establecido una **presunción de certeza** de determinados actos (artículo 107 de la LGT —valor probatorio de las diligencias—; artículo 144 de la LGT —valor probatorio de las actas de inspección—), desplazándose entonces la carga de la prueba al obligado tributario, quien debe probar que no se ajustan a la realidad los hechos consignados por la Administración. Así, por ejemplo, según el artículo 144 de la LGT, la eficacia probatoria de las actas de la inspección, en la que se realiza la propuesta de regularización, se refiere sólo a la parte fáctica del acta, a los hechos en ella consignados, y en ningún caso alcanza a la interpretación de la norma aplicada o a la calificación jurídica realizada por la Inspección, cuestiones éstas que acceden al Tribunal sin ninguna presunción de certeza, por mucho que rija el principio general de presunción de legalidad de la actuación administrativa. Luego, en realidad, no corresponde al contribuyente probar que la calificación es errónea, o incorrecta la determinación de la deuda llevada a cabo por la Administración, sino que compete a ésta probar –en todo aquello en lo que no exista presunción de certeza establecida por la ley– que la regularización o liquidación está fundada en derecho, aunque en ocasiones la inversión de la carga de la prueba opera *de facto* en la práctica. Por lo tanto, al contribuyente le corresponde en realidad **probar el hecho contradictorio con el fijado en su contra por la Administración**. A tales efectos serán de aplicación las normas que sobre medios y valoración de prueba se contienen en el Código Civil y en la Ley de Enjuiciamiento Civil.

|| Los medios de prueba y su valoración

De acuerdo con la regla general de establecer la carga de la prueba en función de la proximidad a la fuente de prueba o facilidad de la misma, basta con designar de modo concreto los elementos de prueba cuando estos se encuentren en poder de la Administración. El artículo 105 de la LGT, apartado 2, no es muy técnico cuando se refiere al cumplimiento del deber de probar, pues tal deber no existe en realidad, sin perjuicio de que la falta de prueba de un hecho favorable al obligado produce las consecuencias negativas de considerarlo no probado cuando la carga de la prueba le corresponda. En cualquier caso, por la sujeción de la Administración al interés público tutelado por la ley debe averiguar también los hechos relevantes para la aplicación del tributo que resulten favorables al obligado tributario, y no sólo los perjudiciales.

Tratándose del **procedimiento sancionador**, toda vez que rige en él el derecho a la presunción de inocencia, no existe propiamente la carga formal de la prueba en el administrado, pues todo el deber probatorio relativo a los presupuestos de la sanción corresponde la Administración tributaria.

La jurisprudencia ha considerado que no pueden extenderse de forma automática al procedimiento administrativo las **garantías procesales** del artículo 24 de la CE, en particular el derecho a la tutela judicial efectiva. Sólo en el caso del procedimiento sancionador, en el que la Administración ejerce el *ius puniendi* del Estado, puede plantearse la extensión de las garantías del proceso penal, sin que en general pueda entenderse vulnerado aquel derecho por las actuaciones que tienen lugar en el procedimiento de gestión. Un amplio sector de doctrina ha considerado que no existe en el procedimiento de gestión tributaria actividad probatoria en su estricto sentido terminológico. Pero en todo caso, al margen de la cuestión dogmática de si se trata propiamente de actividad probatoria, como hemos expuesto, **corresponde a la Administración acreditar que su actuación no es arbitraria** (en el sentido del artículo 9.3 y 106 de la CE) y que la determinación de los presupuestos fácticos de la obligación tributaria se ha realizado con el adecuado soporte probatorio. Cuestión distinta es que puedan considerarse vulnerados en el procedimiento administrativo derechos fundamentales asociados a la admisión y práctica de la prueba como si se tratase de verdadero proceso judicial.

La extensión de las normas sobre prueba del proceso civil al procedimiento administrativo tiene lugar en virtud de lo dispuesto en el artículo 106 de la LGT, conforme al cual en los procedimientos tributarios serán de aplicación las normas que sobre medios y valoración de prueba se contienen en el Código Civil y en la Ley de Enjuiciamiento Civil.

Este artículo 106 de la LGT además de esta norma general prevé unas disposiciones específicas relativas a la **forma de acreditar los gastos deducibles o cuotas compensables**, expresión del método inductivo seguido en ocasiones por la LGT a partir de las leyes particulares de los distintos tributos:

- Las pruebas o informaciones suministradas por otros Estados o entidades internacionales o supranacionales en el marco de la asistencia mutua podrán incorporarse, con el valor probatorio que proceda conforme a la regulación civil, al procedimiento que corresponda.

- La ley propia de cada tributo podrá exigir requisitos formales de deducibilidad para determinadas operaciones que tengan relevancia para la cuantificación de la obligación tributaria.

- Los gastos deducibles y las deducciones que se practiquen, cuando estén originados por operaciones realizadas por empresarios o profesionales, deberán justificarse, de forma prioritaria, mediante la factura entregada por el empresario o profesional que haya realizado la correspondiente operación que cumpla los requisitos señalados en la normativa tributaria. Sin perjuicio de lo anterior, la factura no constituye un medio de prueba privilegiado respecto de la existencia de las operaciones, por lo que una vez que la Administración cuestiona fundadamente su efectividad, corresponde al obligado tributario aportar pruebas sobre la realidad de las operaciones.

De otro lado, la analogía con el procedimiento judicial es evidente cuando se trata del procedimiento de las reclamaciones económico-administrativas, por su naturaleza *cuasi* jurisdiccional, aunque aún no se han dado pasos decisivos en la jurisprudencia para extender a este procedimiento las garantías procesales del artículo 24 de la CE, aunque la LGT ha introducido el denominado recurso de anulación a través del cual puede atacarse en la propia vía administrativa (antes de recurrir a la judicial) la resolución de la reclamación, entre otras razones, cuando se hayan declarado inexistentes (no se hayan valorado) pruebas oportunamente presentadas (artículo 241. bis de la LGT).

La propia LGT en su artículo 107 contiene dos presunciones *iuris tantum* sobre el valor probatorio de las diligencias:

- Con relación a las diligencias extendidas en el curso de las actuaciones y los procedimientos tributarios: Se establece que, salvo prueba en contra, tienen naturaleza de documentos públicos y hacen prueba de los hechos que motiven su formalización.

- Con relación a los hechos contenidos en las diligencias y aceptados por el obligado tributario objeto de procedimiento, así como sus manifestaciones: Se presumirán ciertos y sólo podrán rectificarse mediante prueba de que incurrieron en error de hecho.

|| Las presunciones como medio de prueba en el derecho tributario

Las normas tributarias establecen una serie de presunciones que, según señala el artículo 108 de la LGT, pueden destruirse mediante prueba en contrario, excepto en los casos en que una norma con rango de ley expresamente lo prohíba. Añade además que, para que las presunciones no establecidas por las normas sean admisibles como medio de prueba, es indispensable que entre el hecho demostrado y aquel que se trate de deducir haya un enlace preciso y directo según las reglas del criterio humano.

Cabe citar aquí la **sentencia de la Audiencia Nacional, rec. 384/20015, de 17 de abril de 2019, ECLI:ES:AN:2019:1949**, que, citando al Tribunal Supremo, afirma:

> «Nuestra doctrina reiterada sostiene que la válida utilización de esa clase de prueba requiere la concurrencia de los siguientes requisitos: (a) que aparezcan acreditados los hechos constitutivos del indicio o hecho base; (b) que exista una relación lógica entre tales hechos y la consecuencia extraída; y (c) que esté presente el razonamiento deductivo que lleva al resultado de considerar probado el presupuesto fáctico contemplado en la norma para la aplicación de su consecuencia jurídica, como exige de manera expresa el artículo 386.1, párrafo segundo, de la Ley 1/2000, de 7 de enero, de Enjuiciamiento civil (BOE de 8 de enero) Ley de Enjuiciamiento Civil, al señalar que «en la sentencia en la que se aplique el párrafo anterior (las presunciones judiciales) deberá incluir el razonamiento en virtud del cual el tribunal ha establecido la presunción». Dicho, en otros términos, la prueba de presunciones consta de un elemento o dato objetivo, que es el constituido por el hecho base que ha de estar suficientemente acreditado, del que parte la inferencia, esto es, la operación lógica que lleva al hecho consecuencia, que será tanto más rectamente entendida cuanto más coherente y razonable aparezca el camino de la inferencia. Puede hablarse, en tal sentido, de rechazo de la incoherencia, de la irrazonabilidad y de la

arbitrariedad, que operan como límites a la admisibilidad de la presunción como prueba [véanse, por todas, las sentencias emanadas de esta misma Sección el 10 de noviembre de 2011 (casación 331/09, FJ 6 °) y 17 de noviembre de 2011 (casación 3979/07, FJ 3°)]».

A continuación, el artículo 108 de la LGT recoge una serie de presunciones:

- La Administración tributaria podrá considerar como titular de cualquier bien, derecho, empresa, servicio, actividad, explotación o función a quien figure como tal en un **registro fiscal o en otros de carácter público**, salvo prueba en contrario.

- Los **datos y elementos de hecho consignados en las autoliquidaciones, declaraciones, comunicaciones** y demás documentos presentados por los obligados tributarios se presumen ciertos para ellos y sólo podrán rectificarse por los mismos mediante prueba en contrario.

- Los **datos incluidos en declaraciones o contestaciones a requerimientos** en cumplimiento de la obligación de suministro de información recogida en los artículos 93 y 94 de la LGT que vayan a ser utilizados en la regularización de la situación tributaria de otros obligados se presumen ciertos, pero deberán ser contrastados de acuerdo con lo dispuesto en esta sección cuando el obligado tributario alegue la inexactitud o falsedad de los mismos. Para ello podrá exigirse al declarante que ratifique y aporte prueba de los datos relativos a terceros incluidos en las declaraciones presentadas.

- En el caso de obligaciones tributarias con periodos de liquidación inferior al año, se podrá realizar una distribución lineal de la cuota anual que resulte entre los periodos de liquidación correspondientes cuando la Administración Tributaria no pueda, en base a la información obrante en su poder, atribuirla a un periodo de liquidación concreto conforme a la normativa reguladora del tributo, y el obligado tributario, requerido expresamente a tal efecto, no justifique que procede un reparto temporal diferente.

RESOLUCIÓN RELEVANTE

Sentencia de la Audiencia Nacional, rec. 61/2022, de 13 de octubre de 2025, ECLI:ES:AN:2025:4526

Asunto: La validez constitucional de las presunciones.

«Como señala, entre otras, la STS de 25 de noviembre de 2019,el Tribunal Constitucional "ha venido considerando que las presunciones son medio de prueba válido y eficaz siempre que los indicios hayan quedado suficientemente probados por medios directos y que exista el necesario enlace prelación unívoca entre el hecho base debidamente acreditado de indicio y el hecho consecuente deducido o presumido qué se pretende, acreditar para la aplicación de la norma y que se exprese, razonadamente, el referido enlace de relación (ya desde las tempranas TC de, 21 de diciembre de 1988, de 8 de junio de 1990, de 24 de enero de 1991, de 13 de julio de 1998 y de 20 de enero de 1999) (...)."».

1.6. Notificaciones en materia tributaria

¿Cómo se realizan las notificaciones de los actos tributarios?

Las notificaciones de los actos tributarios se someten al régimen general de las notificaciones previsto en las normas administrativas, con las especialidades que establece la LGT. De acuerdo con ello, la notificación de un acto administrativo tiene una doble finalidad:

- De ella depende la propia eficacia del acto, conforme a lo establecido en el artículo 39 de la LPAC.
- Es el presupuesto para que el interesado pueda ejercitar su derecho al recurso.

A este respecto nuestra jurisprudencia —véase, por ejemplo, la **STS n.º 1558/2023, de 23 de noviembre, ECLI:ES:TS:2023:5121**— ha venido señalando que «*(...) sí, pese a los vicios de cualquier gravedad en la notificación, puede afirmarse que el interesado llegó a conocer el acto o resolución por cualquier medio -y, por lo tanto, pudo defenderse frente al mismo-, o no lo hizo exclusivamente por su negligencia o mala fe, no cabe alegar lesión alguna de las garantías constitucionales, dado el principio antiformalista y el principio general de buena fe que rigen en esta materia, según reiterada jurisprudencia*».

> **RESOLUCIÓN RELEVANTE**
>
> **Sentencia del Tribunal Supremo n.º 1501/2025, de 20 de noviembre, ECLI:ES:TS:2025:5446**
>
> **Asunto: Jurisprudencia del TS sobre las notificaciones administrativas.**
>
> *«Con carácter general se ha entendido que lo relevante en las notificaciones no es tanto que se cumplan las previsiones legales sobre cómo se llevan a efecto las notificaciones, sino el hecho de que los administrados lleguen a tener conocimiento de ellas o haya podido tener conocimiento del acto notificado, en dicho sentido la sentencia del Tribunal Supremo de 7 de octubre de 2015, rec. cas. 680/2014; puesto que la finalidad constitucional, a la que antes se hacía mención, se manifiesta en que su finalidad material es llevar al conocimiento de sus destinatarios los actos y resoluciones al objeto de que éstos puedan adoptar la conducta procesal que consideren conveniente a la defensa de sus derechos e intereses y, por ello, constituyen elemento fundamental del núcleo de la tutela judicial efectiva sin indefensión garantizada en el art. 24.1 de la Constitución española (CE), sentencias del Tribunal Constitucional 59/1998, de 16 de marzo, FJ 3, ó 221/2003, de 15 de diciembre, FJ 4; 55/2003, de 24 de marzo, FJ 2. Este es el foco que en definitiva debe alumbrar cualquier lectura que se haga de esta materia, lo que alcanza, sin duda, también a las notificaciones electrónicas.*
>
> *Desde luego el desconocimiento de lo que se notifica, hace imposible no ya que pueda desplegarse una defensa eficaz, sino cualquier defensa. Por ello, lo realmente sustancial es que el interesado llegue al conocimiento del acto, sea uno u otro el medio, y por consiguiente pudo defenderse, o no lo hizo exclusivamente por su negligencia o mala fe, en cuyo caso no cabe alegar lesión alguna de las garantías constitucionales, dado el principio antiformalista y el principio general de buena fe que rigen*

en esta materia, sentencias del Tribunal Constitucional 101/1990, de 4 de junio, FJ 1; 126/1996, de 9 de julio, FJ 2; 34/2001, de 12 de febrero, FJ 2; 55/2003, de 24 de marzo, FJ 2; 90/2003, de 19 de mayo, FJ 2; y 43/2006, de 13 de febrero, FJ 2]. Por ello, como este Tribunal ha dicho, lo relevante, pues, no es tanto que se cumplan las previsiones legales sobre cómo se llevan a efecto las notificaciones, sino el hecho de que los administrados lleguen a tener conocimiento de ellas. Todo lo cual lleva a concluir, en palabras del propio Tribunal Constitucional, que ni toda deficiencia en la práctica de la notificación implica necesariamente una vulneración del art. 24.1 CE, ni, al contrario, una notificación correctamente practicada en el plano formal supone que se alcance la finalidad que le es propia, es decir, que respete las garantías constitucionales que dicho precepto establece, sentencias del Tribunal Constitucional 126/1991, FJ 5; 290/1993, FJ 4; 149/1998, FJ 3; y 78/1999, de 26 de abril, FJ 2].

Debe tenerse en cuenta que, como se ha señalado en numerosas ocasiones por este Tribunal, con carácter general, cuando se respetan en la notificación las formalidades establecidas normativamente siendo su única finalidad la de garantizar que el acto o resolución llegue a conocimiento del interesado, debe partirse en todo caso de la presunción iuris tantum de que el acto de que se trate ha llegado tempestivamente a conocimiento del interesado; presunción que cabe enervar por el interesado de acreditar suficientemente, bien que, pese a su diligencia, el acto no llegó a su conocimiento o lo hizo en una fecha en la que ya no cabía reaccionar contra el mismo; o bien que, pese a no haber actuado con la diligencia debida (naturalmente, se excluyen los casos en que se aprecie mala fe), la Administración tributaria tampoco ha procedido con la diligencia y buena fe que le resultan reclamables».

|| El lugar de notificación del acto tributario

En los procedimientos iniciados a solicitud del interesado, la notificación se practicará en el lugar señalado a tal efecto por el obligado tributario o su representante o, en su defecto, en el domicilio fiscal de uno u otro.

En los procedimientos iniciados de oficio, la notificación podrá practicarse en el domicilio fiscal del obligado tributario o su representante, en el centro de trabajo, en el lugar donde se desarrolle la actividad económica o en cualquier otro adecuado a tal fin.

La LGT establece, por tanto, diversos lugares para la práctica de la notificación en función de si el acto a notificar se dicta en el seno de un procedimiento iniciado a instancia de parte o de oficio. A estos efectos tal y como recoge el Tribunal Supremo en su **sentencia, rec. 680/2014, de 7 de octubre de 2015, ECLI:ES:TS:2015:4331**:

«En este contexto, si el **procedimiento** se inicia a **instancia de parte** la notificación se practicará en el lugar señalado a tal efecto por el obligado tributario o su representante o, en su defecto, en el domicilio fiscal de uno u otro (artículo 110.1 de la LGT). De forma que la Administración Tributaria podrá practicar sus notificaciones no sólo en el domicilio fiscal (aunque sigue siendo el lugar prevalente), sino en el lugar que señale el interesado o su representante (que puede coincidir o no con el domicilio fiscal).

Si no se pudiera practicar la notificación en ninguno de estos lugares, no se permite a la Administración que lo intente en cualquier otro lugar adecuado a tal fin, como puede ser el lugar de trabajo del interesado, tal como preveía el artículo 105.4 de la LGT de 1963 .

En cambio, en los **procedimientos iniciados de oficio** la notificación podrá practicarse en el domicilio fiscal del obligado tributario o su representante, en el centro de trabajo, en el lugar donde se desarrolle su actividad económica o en cualquier otro adecuado a tal fin (artículo 110.2 de la LGT).

En este caso, queda en manos de la Administración la elección concreta de uno de los siguientes lugares para la práctica de la notificación, sin quedar sujeta a un orden de prelación determinado a diferencia de lo que ocurre cuando el procedimiento se inicia a instancia de parte: el domicilio fiscal del obligado o su representante, el lugar de trabajo del interesado o el lugar donde desarrolla su actividad económica o bien cualquier otro lugar adecuado a tal fin.

Finalmente hay que señalar que, si bien el domicilio fiscal no es el único lugar donde pueden practicarse las notificaciones tributarias, sigue ocupando un puesto destacado, aunque no preferente, tal como evidencia tanto el propio artículo 110 como el 111.1 (en relación con la posibilidad de la recepción de la notificación por un tercero que se encuentre en el domicilio fiscal del interesado o su representante) y el 112 de la LGT (en tanto que, en principio, dos intentos de practicar sin éxito la notificación en el domicilio fiscal habilitan para la práctica de la notificación por comparecencia)».

El Tribunal Supremo ha señalado que, si bien, esta distinción obedece a la propia mecánica del inicio de un procedimiento donde se hace necesario que, en los instados por el particular, la Administración sepa donde poder notificar sus decisiones, el contribuyente también podrá en los iniciados de oficio, si así lo manifiesta expresamente, designar otro domicilio donde se practiquen los actos de comunicación, sobre todo si de ello depende su derecho a la defensa. Por ello en la **STS n.° 902/2025, de 1 de julio, ECLI:ES:TS:2025:3259**, se fija como **doctrina** que «(...) *en los procedimientos tributarios iniciados de oficio o a instancia de parte, la Administración tributaria deberá practicar las notificaciones por el cauce que sea procedente u obligatorio, en el domicilio expresamente designado por el contribuyente o su representante legal, sobre todo cuando de ello depende su derecho a la defensa*».

|| ¿Quiénes están legitimados para recibir las notificaciones?

El artículo 111 de la LGT establece los casos tasados en los que se permite que la notificación se practique a través de las personas concretas que enumera, distintas del obligado tributario o de su representante, y en este sentido dispone que cuando la notificación se practique en el lugar señalado al efecto por el obligado tributario o por su representante, o en el domicilio fiscal de uno u otro, de no hallarse presentes en el momento de la entrega, podrá hacerse cargo de la misma:

- Cualquier persona que se encuentre en dicho lugar o domicilio y haga constar su identidad.

- Los empleados de la comunidad de vecinos o de propietarios donde radique el lugar señalado a efectos de notificaciones o el domicilio fiscal del obligado o su representante.

Cabe citar aquí la **sentencia del Tribunal Supremo n.º 6/2018, de 4 de enero, ECLI:ES:TS:2018:28**, en la que se interpreta dicho artículo de la siguiente manera:

> «Y esta conclusión no resulta desvirtuada por la doctrina jurisprudencial citada por la parte recurrente, porque el Tribunal Supremo admite que su elaboración es muy casuística y establece que "al objeto de determinar si debe entenderse que el acto administrativo o resolución notificada llegó o debió llegar a conocimiento tempestivo del interesado, los elementos que, con carácter general deben ponderarse, son dos. En primer lugar, el **grado de cumplimiento por la Administración de las formalidades establecidas en la norma en materia de notificaciones**, en la medida en que tales formalidades van únicamente dirigidas a garantizar que el acto llegue efectivamente a conocimiento de su destinatario. Y, en segundo lugar, las **circunstancias particulares concurrentes en cada caso**, entre las que necesariamente deben destacarse tres: a) el **grado de diligencia demostrada tanto por el interesado como por la Administración**; b) el **conocimiento que**, no obstante el incumplimiento en su notificación de todas o algunas de las formalidades previstas en la norma, **el interesado haya podido tener del acto o resolución** por cualesquiera medios; y, en fin, c) el **comportamiento de los terceros** que, en atención a la cercanía o proximidad geográfica con el interesado, pueden aceptar y aceptan la notificación" - STS, Sala 3ª, sec. 2ª, S 17-2-2014, rec. 3075/2010 -.
>
> Ya se han analizado las circunstancias concurrentes y de las mismas no se desprende a juicio de la Sala que la actuación del tercero, compañero de despacho del representante de la sociedad, al rehusar la notificación por no estar autorizado, contravenga las exigencias propias de la buena fe».

Nuestro Alto Tribunal —**STS, rec. 680/2014, de 7 de octubre, ECLI:ES:TS:2015:4331**— también ha señalado que, con relación al artículo 111 de la LGT, es necesario realizar las siguientes observaciones:

- La recepción por una tercera persona solamente puede suceder cuando el lugar para practicar la notificación es el domicilio o el lugar señalado a tal efecto por el obligado o su representante no en el resto de casos.

- Como el legislador ha utilizado la expresión «podrá hacerse cargo» la tercera persona de la notificación, ello supone que no impone a la persona que se encuentre en el domicilio del interesado o su representante la obligación de recibir la notificación, sino que simplemente están facultados a ello. Es decir, la vigente LGT (al igual que la de 1963), siguiendo los pasos de la LRJPAC, no impone la obligación de colaborar en la recepción de la notificación, pero la facilita.

El rechazo de la notificación realizado por el interesado o su representante implicará que se tenga por efectuada la misma.

RESOLUCIÓN RELEVANTE

STS n.º 513/2019, de 11 de abril, ECLI:ES:TS:2019:1270

Asunto: Sistematización de la jurisprudencia del TC y del TS sobre la validez de las notificaciones.

«Algunas de las ideas principales que se destacan en orden a esa meta de homogeneidad se pueden resumir en lo siguiente:

- La notificación tiene una suma relevancia para el ejercicio de los derechos y la defensa de los intereses que se quieran hacer valer frente a una determinada actuación administrativa.

- La función principal de la notificación es precisamente dar a conocer al interesado el acto que incida en su esfera de derechos o intereses.

Lo que acaba de afirmarse pone bien de manifiesto que lo relevante para decidir la validez o no de una notificación será que, a través de ella, el destinatario de la misma haya tenido un real conocimiento del acto notificado.

- Las consecuencias finales de lo que antecede serán básicamente estas dos: que la regularidad formal de la notificación no será suficiente para su validez si el notificado no tuvo conocimiento real del acto que había de comunicársele; y, paralelamente, que los incumplimientos de las formalidades establecidas no serán obstáculo para admitir la validez de la notificación si ha quedado debidamente acreditado que su destinatario tuvo un real conocimiento del acto comunicado.

Con base en las anteriores ideas se subraya la necesidad de diferenciar situaciones y sentar respecto de ellas algunos criterios; una diferenciación que principalmente conduce a lo que continúa:

- Notificaciones que respetan todas las formalidades establecidas: en ellas debe de partirse de la presunción iuris tantum de que el acto ha llegado tempestivamente a conocimiento del interesado; pero podrán enervarse en los casos en los que se haya acreditado suficientemente lo contrario.

- Notificaciones de que han desconocido formalidades de carácter sustancial (entre las que deben incluirse las practicadas, a través de un tercero, en un lugar distinto al domicilio del interesado: en estas ha de presumirse que el acto no llegó a conocimiento tempestivo del interesado y le causó indefensión; pero esta presunción admite prueba en contrario cuya carga recae sobre la Administración, una prueba que habrá de considerarse cumplida cuando se acredite suficientemente que el acto llegó a conocimiento del interesado.

- Notificaciones que quebrantan formalidades de carácter secundario: en las mismas habrá de partir de de la presunción de que él acto ha llegado a conocimiento tempestivo del interesado».

|| La notificación por comparecencia

El artículo 112 de la LGT faculta a la Administración a realizar notificaciones por comparecencia, y para ello exige el cumplimiento de los siguientes requisitos:

- Que no sea posible efectuar la notificación al interesado o a su representante por causas no imputables a la Administración tributaria.

- La notificación debe haberse intentado al menos dos veces en el domicilio fiscal, o en el designado por el interesado si se trata de un procedimiento iniciado a solicitud del mismo. Será suficiente un solo intento cuando el destinatario conste como desconocido en dicho domicilio o lugar.

- Los intentos de notificación se harán constar en el expediente de las circunstancias de los intentos de notificación.

A TENER EN CUENTA. El apartado primero del artículo 114 del RGAT dispone que cuando no sea posible efectuar la notificación al obligado tributario o a su representante por causas no imputables a la Administración se harán constar en el expediente las circunstancias del intento de notificación. Se dejará constancia expresa del rechazo de la notificación, de que el destinatario está ausente o de que consta como desconocido en su domicilio fiscal o en el lugar designado al efecto para realizar la notificación. Una vez realizados los dos intentos de notificación sin éxito se procederá cuando ello sea posible a dejar al destinatario aviso de llegada en el correspondiente casillero domiciliario, indicándole en la diligencia que se extienda por duplicado, la posibilidad de personación ante la dependencia al objeto de hacerle entrega del acto, plazo y circunstancias relativas al segundo intento de entrega. Dicho aviso de llegada se dejará a efectos exclusivamente informativos.

Cuando se den estas circunstancias se citará al interesado o a su representante para ser notificados por comparecencia por medio de anuncios que se publicarán, por una sola vez para cada interesado, en el Boletín Oficial del Estado. Esta publicación en el BOE se efectuará los lunes, miércoles y viernes de cada semana. Estos anuncios podrán exponerse asimismo en la oficina de la Administración tributaria correspondiente al último domicilio fiscal conocido. En el caso de que el último domicilio conocido radicara en el extranjero, el anuncio se podrá exponer en el consulado o sección consular de la embajada correspondiente.

CUESTIÓN

¿Qué datos deben constar en la publicación?

En la publicación constarán:

- La relación de notificaciones pendientes.
- Indicación del obligado tributario o su representante.
- El procedimiento que las motiva.
- El órgano competente de su tramitación.
- El lugar y plazo en que el destinatario de las mismas deberá comparecer para ser notificado.

Mediante este anuncio se busca convocar la comparecencia del obligado ausente, con la finalidad de practicar una notificación personal. Luego no se trata de la publicación de la resolución por medio de edictos sino de la citación al interesado por este medio para ser notificado por comparecencia.

Se ha planteado en la práctica la cuestión de la eficacia de la notificación edictal cuando a pesar de no haberse realizado de forma expresa la declaración de cambio de domicilio, como requiere el artículo 48 de la LGT, no obstante, la Administración puede conocer que ese cambio se ha producido. Debe tenerse en cuenta que, si bien, cuando el destinatario no es hallado en el lugar por él designado, la Administración no tiene obligación de llevar a cabo «largas, arduas y complejas indagaciones ajenas a su función» (sentencia del Tribunal Constitucional n.º 133/1986, de 29 de octubre, ECLI:ES:TC:1986:133), en ocasiones la Administración puede investigar el cambio de domicilio con una mínima gestión. En estos casos, es exigible a la Administración una mínima comprobación antes de optar por la publicación edictal. Así lo ha declarado la jurisprudencia exigiendo de la Administración una labor razonablemente prudente para notificar al interesado los actos que le afecten. Por lo tanto, aunque es carga del obligado tributario la comunicación del cambio de domicilio fiscal, de modo que la Administración debe intentar la notificación en el domicilio declarado, en los supuestos en que fácilmente puede comprobar la variación o existan indicios para hacer pensar que ese cambio se ha producido, debe realizar una mínima investigación. Por ello, el Tribunal Supremo, aunque establece como doctrina legal que el cambio de domicilio declarado a otros efectos administrativos no sustituye la declaración tributaria expresa de cambio de domicilio fiscal, ha reconocido que una declaración-liquidación o autoliquidación realizada con motivo de un tributo del que deba tener conocimiento la Administración en el desarrollo de la gestión tributaria de aquél, puede equivaler a la declaración expresa de cambio de domicilio fiscal.

La comparecencia deberá producirse en el plazo de **15 días naturales**, contados desde el siguiente al de la publicación del anuncio en el BOE. Transcurrido dicho plazo sin comparecer, la notificación se entenderá producida a todos los efectos legales el día siguiente al del vencimiento del plazo señalado. En el caso de que la comparecencia se produzca se practicará la notificación correspondiente y se dejará constancia de la misma en la correspondiente diligencia en la que, además, constará la firma del compareciente.

Deberá incorporarse al expediente la referencia al boletín oficial donde se publicó el anuncio.

Cuando el inicio de un procedimiento o cualquiera de sus trámites se entiendan notificados por no haber comparecido el obligado tributario o su representante, se le tendrá por notificado de las sucesivas actuaciones y diligencias de dicho procedimiento, y se mantendrá el derecho que le asiste a comparecer en cualquier momento del mismo. Sin embargo, deberán ser notificados conforme a lo expuesto en este apartado tanto las liquidaciones que se dicten en el procedimiento como los acuerdos de enajenación de los bienes embargados.

Por tanto, tal y como señala la **STS, rec. 2307/2014, de 9 de marzo de 2016, ECLI:ES:TS:2016:1049**, con relación al artículo 112 de la LGT: «*En este supuesto se citará al interesado o a su representante para ser notificados por comparecencia por medio de anuncios que se publicarán, por una sola vez para cada interesado, en el Boletín Oficial del Estado o en los Boletines de las Comunidades Autónomas o de las provincias según la Administración de la que proceda el acto que se pretende notificar y el ámbito territorial del órgano que lo dicta. En todo caso, la comparecencia deberá producirse en el plazo de 15 días naturales, contados desde el siguiente al de la publicación en la sede electrónica o la publicación del anuncio en el correspondiente*

«Boletín Oficial». Transcurrido dicho plazo sin comparecer, la notificación se entenderá producida a todos los efectos legales el día siguiente al del vencimiento del plazo señalado».

|| Las notificaciones fiscales por medios electrónicos

El **Real Decreto 1363/2010, de 29 de octubre, por el que se regulan supuestos de notificaciones y comunicaciones administrativas obligatorias por medios electrónicos en el ámbito de la Agencia Estatal de Administración Tributaria**, establece la obligación de utilizar medios electrónicos en las comunicaciones y notificaciones que deba efectuar la AEAT en sus actuaciones y procedimientos tributarios, aduaneros y estadísticos de comercio exterior y en la gestión recaudatoria de los recursos de otros entes y Administraciones públicas que tiene atribuida o encomendada.

Estarán **obligados a recibir** por medios electrónicos las comunicaciones y notificaciones administrativas que les dirija la AEAT las entidades que tengan la forma jurídica de:

- **Sociedad anónima** (NIF que empiece por la letra A).
- Sociedad de **responsabilidad limitada** (NIF que empiece por la letra B).
- Las personas **jurídicas y entidades sin personalidad jurídica** que carezcan de nacionalidad española (NIF que empiece por la letra N).
- Los **establecimientos permanentes y sucursales** de entidades no residentes en territorio español (NIF que empiece con la letra W).
- Las **Uniones Temporales de Empresas** (NIF empieza por la letra U).
- Las **entidades cuyo NIF empiece por la letra V** y se corresponda con uno de los siguientes tipos: Agrupación de interés económico, Agrupación de interés económico europea, Fondo de Pensiones, Fondo de capital riesgo, Fondo de inversiones, Fondo de titulización de activos, Fondo de regularización del mercado hipotecario, Fondo de titulización hipotecaria o Fondo de garantía de inversiones.

Con **independencia de su personalidad o forma jurídica**, estarán **obligados a recibir** por medios electrónicos las notificaciones de la AEAT las personas y entidades que:

- Estuvieran inscritas en el **Registro de grandes empresas,** es decir, aquellas cuyo volumen de operaciones supere la cifra de 6.010.121,04 euros durante el año inmediato anterior (artículo 3.5 del Real Decreto 1065/2007, de 27 de julio, por el que se aprueba el Reglamento General de las actuaciones y los procedimientos de gestión e inspección tributaria y de desarrollo de las normas comunes de los procedimientos de aplicación de los tributos).
- Que hayan optado por la tributación en el **régimen de consolidación fiscal,** en virtud de lo dispuesto en la LIS.
- Que hayan optado por la tributación en el **régimen especial del grupo de entidades,** regulado en la LIVA.

- Que estuvieran inscritas en el **registro de devolución mensual,** regulado en el RIVA.

- Aquellas que tengan la condición de representantes aduaneros según lo dispuesto en el Real Decreto 335/2010, de 19 de marzo, por el que se regula el derecho a efectuar declaraciones en aduana y la figura del representante aduanero, o presenten declaraciones aduaneras por vía electrónica.

El obligado será excluido del sistema de dirección electrónica cuando dejen de concurrir en él las circunstancias que determinaron su inclusión, siempre que así lo **solicite expresamente**, por medio de solicitud específica presentada por medios electrónicos en la sede electrónica de la AEAT.

No obstante, lo establecido en el apartado anterior, la Agencia Estatal de Administración Tributaria podrá practicar las notificaciones por los medios no electrónicos:

- Cuando la comunicación o notificación se realice con ocasión de la comparecencia espontánea del obligado (o representante) en las oficinas de la AEAT y solicite la comunicación personal en ese momento.

- Cuando la comunicación o notificación electrónica resulte incompatible con la inmediatez o celeridad que requiera la actuación administrativa para asegurar su eficacia.

- Cuando las comunicaciones y notificaciones hubieran sido puestas a disposición del prestador del servicio de notificaciones postales para su entrega a los obligados tributarios con antelación a la fecha en que la AEAT tenga constancia de la comunicación al obligado de su inclusión en el sistema de dirección electrónica habilitada.

Si en algunos de los supuestos referidos en el apartado anterior la Agencia Estatal de Administración Tributaria llegara a practicar la comunicación o notificación por medios electrónicos y no electrónicos, se entenderán producidos todos los efectos a partir de la primera de las comunicaciones o notificaciones efectuada.

En **ningún caso** se efectuarán en la dirección electrónica habilitada las siguientes comunicaciones y notificaciones:

- Aquellas en las que el acto a notificar vaya acompañado de elementos que no sean susceptibles de conversión en formato electrónico.

- Las que, con arreglo a su normativa, deban practicarse mediante personación en el domicilio fiscal del obligado o en otro lugar señalado al efecto por la normativa o en cualquier otra forma no electrónica.

- Las que efectúe la AEAT en la tramitación de las reclamaciones económico-administrativas.

- Las que contengan medios de pago a favor de los obligados, tales como cheques.

- Las dirigidas a las entidades de crédito adheridas al procedimiento para efectuar por medios electrónicos el embargo de dinero en cuentas abiertas en entidades de crédito.

- Las dirigidas a las entidades de crédito que actúen como entidades colaboradoras en la gestión recaudatoria de la AEAT, en el desarrollo del servicio de colaboración.

- Las dirigidas a las entidades de crédito adheridas al procedimiento electrónico para el intercambio de ficheros entre la AEAT y las entidades de crédito, en el ámbito de las obligaciones de información a la Administración tributaria relativas a extractos normalizados de cuentas corrientes.

- Las que deban practicarse con ocasión de la participación por medios electrónicos en procedimientos de enajenación de bienes desarrollados por los órganos de recaudación de la AEAT.

La AEAT **deberá** notificar a los sujetos obligados su inclusión en el sistema de dirección electrónica habilitada.

En los supuestos de alta en el **Censo de Obligados Tributarios** la notificación de la inclusión en el sistema de dirección electrónica habilitada se podrá realizar junto a la correspondiente a la comunicación del número de identificación fiscal que le corresponda.

1.7. Entrada en el domicilio de los obligados tributarios

La entrada en el domicilio de los obligados tributarios y la necesaria autorización judicial

Cuando en los procedimientos de aplicación de los tributos sea necesario entrar en el domicilio constitucionalmente protegido de un obligado tributario o efectuar registros en el mismo, la Administración tributaria deberá obtener el **consentimiento** de aquél o la oportuna **autorización judicial**. Así aparece recogido en el artículo 113 de la LGT.

El mentado artículo establece los requisitos que debe reunir la solicitud de autorización judicial para la ejecución del acuerdo de entrada en el domicilio:

- Debe estar debidamente justificada.

- Debe motivar la finalidad, necesidad y proporcionalidad de la entrada.

La solicitud y la concesión de la autorización judicial podrán practicarse incluso con carácter previo al inicio formal del correspondiente procedimiento, si bien se exige que el acuerdo de entrada contenga:

- La identificación del obligado tributario.

- Los conceptos y períodos que van a ser objeto de comprobación.

A TENER EN CUENTA. El artículo 113 de la LGT ha sido modificado por la Ley 11/2021, de 9 de julio, de medidas de prevención y lucha contra el fraude fiscal, con efectos a partir del 11 de julio de 2021.

El **artículo 18 de nuestra Carta Magna**, reconoce como derecho funda-mental la **inviolabilidad del domicilio**, entendido como derecho de no pene-tración en el domicilio en contra de la voluntad del titular del mismo. Este derecho de la persona se establece para garantizar su ámbito de privacidad, dentro del espacio limitado que la propia persona elige y que tiene que carac-terizarse precisamente por quedar exento o inmune a las invasiones o agre-siones exteriores, de otras personas o de la autoridad pública.

Pero la inviolabilidad del domicilio es un derecho relativo y limitado en cuanto que la propia Constitución autoriza su restricción en los supuestos y en las condiciones contemplados por la ley. Conforme al artículo 18 de la CE *«El domicilio es inviolable. Ninguna entrada y registro podrá hacerse en él sin consentimiento del titular o resolución judicial, salvo en los casos de flagrante delito».*

Los **artículos 545 y ss. de la Ley de Enjuiciamiento Criminal** establecen los **presupuestos legales para la restricción válida** de este derecho con fines de investigación judicial penal. Por su parte, el **artículo 93.5 de la LOPJ** y el **artículo 8.6 de la LJCA** regulan la entrada administrativa, atribuyendo a los Juzgados/Secciones de lo Contencioso-Administrativo la competencia para autorizar, mediante auto, la entrada en los domicilios y en los restantes edifi-cios o lugares cuyo acceso requiera el consentimiento del titular, cuando ello proceda para la ejecución forzosa de actos de la Administración.

A TENER EN CUENTA. El artículo 8 de la LJCA ha sido modificado en su apar-tado 6 por la Ley 11/2021, de 9 de julio, de medidas de prevención y lucha contra el fraude fiscal, con entrada en vigor el 11/07/2021 (día siguiente al de la publi-cación en el BOE de la norma). Se modifica añadiendo un último párrafo que establece lo siguiente:

> «Los **Juzgados de lo Contencioso-administrativo conocerán también de las au-torizaciones para la entrada en domicilios y otros lugares constitucionalmente pro-tegidos**, que haya sido **acordada por la Administración Tributaria** en el marco de una actuación o procedimiento de aplicación de los tributos aún con carácter previo a su inicio formal cuando, requiriendo dicho acceso el consentimiento de su titular, este se oponga a ello o exista riesgo de tal oposición».

Además, también hay que recordar que, tras la reforma realizada por la LO 1/2025, de 2 de enero, una vez implantados de forma efectiva los tribunales de instancia (D.T. 1.ª), todas las referencias realizadas a los juzgados unipersonales se entenderán realizadas a las secciones del orden jurisdiccional correspon-diente de los tribunales de instancia.

El domicilio inviolable es un espacio en el cual el individuo vive sin estar sujeto necesariamente a los usos y convenciones sociales y ejerce su libertad más íntima. Por ello, a través de este derecho no sólo es objeto de protección el espacio físico en sí mismo considerado, sino lo que en él hay de emanación de la persona y de esfera privada de ella.

El derecho a la inviolabilidad del domicilio **es predicable no sólo de las personas físicas sino también de las personas jurídicas**. Como ha declarado el Tribunal Constitucional *«Ausente de nuestro ordenamiento constitucional* *un precepto similar al que integra el art. 19.3 Ley Fundamental de Bonn, según el cual los derechos fundamentales rigen también para las personas jurídicas nacionales, en la medida en que, por su naturaleza, les resulten aplicables, lo que ha permitido que la jurisprudencia aplicativa de tal norma entienda que el derecho a la inviolabilidad del domicilio conviene también a las Entidades mercantiles, parece claro que nuestro Texto Constitucional, al establecer el derecho a la inviolabilidad del domicilio, no lo circunscribe a las personas físicas, siendo pues extensivo o predicable igualmente en cuanto a las personas jurídicas, del mismo modo que este Tribunal ha tenido ya ocasión de pronunciarse respecto de otros derechos fundamentales, como pueden ser los fijados en el art. 24 CE, sobre prestación de tutela judicial efectiva, tanto a personas físicas como a jurídicas».* **Sentencia del Tribunal Constitucional n.º 137/1985, de 17 de octubre, ECLI:ES:TC:1985:137.**

CUESTIÓN

¿La autorización de entrada en un domicilio puede incluir la autorización para acceder a la información contenida en dispositivos informáticos?

Sí, siempre que el auto de autorización justifique la necesidad y proporcionalidad de acceder a dicha información; un ejemplo de ello lo vemos en la **STS n.º 1122/2024, de 25 de junio, ECLI:ES:TS:2024:3662**, en la que se señala:

«El acceso a la información contenida en equipos o repositorios informáticos de datos que se encuentren en un domicilio constitucionalmente protegido o sean accesibles desde este, **requiere que el auto que autoriza la entrada en dicho domicilio razone de manera específica la justificación del acceso a esa información**, *con la finalidad de salvaguardar los derechos fundamentales del art 18 de la de la Constitución que pudieran resultar eventualmente afectados.*

A estos efectos, debe ponderarse la necesidad y proporcionalidad del acceso a tales datos, su naturaleza, la afección a la actividad empresarial o profesional de los equipos o servidores que los contengan, así como los derechos de su titular, según sea una persona física o jurídica».

RESOLUCIÓN RELEVANTE

Sentencia del Tribunal Supremo n.º 1604/2005, de 21 de noviembre, ECLI:ES:TS:2005:7798

Asunto: entrada en un local que no constituye domicilio constitucionalmente protegido. Solo es necesaria autorización de delegado o director del departamento.

«Las oficinas de XXXXX constituían un establecimiento abierto al público, salvo un despacho del administrador acusado XXXXX, habitación a la que no se extendió la entrada y registro. Así ha sido probado a través del acta de inspección y de las declaraciones en el juicio del testigo XXXXX, contable de XXXXX, y del testigo-perito Sr. XXXXXX, inspector de Hacienda que llevó a cabo la actuación.

En consecuencia, el acto de entrada y registro no estuvo sometido a lo establecido en los arts. 558 y 566 LECr . o en el inciso último del art. 141 de la Ley General Tributaria (LGT), sino a lo preceptuado en la primera parte de ese art. 141, lo que implica que bastaba la no oposición de la persona dueña o moradora o encargada de la custodia del local, y, en caso de oposición, la autorización del delegado de Hacienda».

Sentencia del Tribunal Constitucional n.º 54/2015, de 16 de marzo, ECLI:ES:TC:2015:54

Asunto: Garantía de información para poder acceder.

«Ahora bien, en todos los casos, el consentimiento eficaz tiene como presupuesto el de la garantía formal de la información expresa y previa, que debe incluir los términos y alcance de la actuación para la que se recaba la autorización injerente. Así, en el ámbito del derecho a la intimidad, hemos apreciado la vulneración de dicha garantía en los casos en que la actuación no se ajusta a los términos y el alcance para el que se otorgó el consentimiento, quebrando la conexión entre la actuación que se realiza y el objetivo tolerado para el que fue recabado el consentimiento (en este sentido, SSTC 110/1984, de 26 de noviembre, FJ 8, y 70/2009, de 23 de marzo, FJ 2).

6. A la hora de determinar los requisitos del consentimiento del titular ex art. 18.2 CE debemos tomar en consideración el contexto en que se produce la intervención injerente (STC 209/2007, 24 de septiembre, FJ 5)

En el caso ahora examinado, se trata de una actuación que infringe el contenido del art. 18.2 CE, como examinaremos a continuación.

(...)

Tal como se ha expresado anteriormente, la entrada en las dependencias de la empresa se hizo sin advertencia de derechos al interesado, por lo que, en el contexto de esa normativa, los funcionarios actuantes no podían considerar que la falta de oposición del obligado tributario fuera suficiente, pues su Reglamento de actuación les obligaba a despejar toda duda mediante la instrucción de derechos al interesado, advirtiéndole de la posibilidad de oponerse a la entrada en el domicilio para llevar a cabo la actuación inspectora.

Junto a ello, también ha de tenerse en cuenta que los actuarios portaban una autorización administrativa para la entrada que no fue necesario exhibir al ser facilitado el acceso por los socios administradores. Este dato es relevante en este caso pues la advertencia de derechos lógicamente debía incluir este dato, esto es, que portaban una autorización administrativa para el caso de negativa u oposición del obligado tributario, lo cual nos sitúa en una hipótesis de información manifiestamente insuficiente para recabar el consentimiento, pues la autorización administrativa en modo alguno habilita la entrada en los espacios físicos que constituyen el domicilio de la persona jurídica objeto de protección constitucional.

En consecuencia, apreciamos en este caso una quiebra esencial de la garantía de información para recabar consentimiento del interesado, que de esta forma resulta viciado, de lo que se concluye que no hay un consentimiento eficaz para justificar la intromisión domiciliaria en el supuesto contemplado y ello determina la apreciación de la lesión del art. 18.2 CE por la entrada en el domicilio social del día 21 de junio de 2006».

1.8. Denuncia pública ante la Administración tributaria

La regulación de la denuncia pública en el procedimiento tributario

La denuncia pública, regulada en el artículo 114 de la LGT, es una declaración de conocimiento por la cual el denunciante, aunque no presente un interés directo en la investigación del hecho, transmite a la Administración tributaria la noticia de un hecho que pudiera ser constitutivo de infracción tributaria o tener trascendencia para la aplicación de los tributos. Adicionalmente, puede contener elementos volitivos —declaración de voluntad— cuando el denunciante, además de poner el hecho en conocimiento de la autoridad, expresa la voluntad de que se persiga la infracción.

El DEJ RAE define la denuncia pública tributaria como «*Modalidad de inicio del procedimiento tributario que deberá tener como contenido hechos o situaciones que puedan ser constitutivos de infracciones tributarias o con trascendencia para la aplicación de los tributos y que supondrá la iniciación de las correspondientes actuaciones cuando existan indicios suficientes de veracidad en los hechos imputados y estos sean desconocidos para la Administración tributaria*».

La denuncia pública es voluntaria, pues, fuera de los casos en los que el hecho pudiera ser constitutivo de delito, la ley no impone al ciudadano la obligación de denunciar el hecho ilícito, y sin perjuicio de los deberes de información y de colaboración que establecen los artículos 93 y 94 de la LGT.

La Administración solo tiene obligación de proceder cuando existan **indicios suficientes de veracidad** de los hechos imputados y sean desconocidos por la Administración. Cuando la denuncia sea infundada o no esté debidamente determinado el hecho procederá su archivo. En otro caso, la Administración incoará el procedimiento que corresponda.

Como mera declaración de conocimiento, la denuncia pública no supone el ejercicio de acción alguna, por lo que el denunciante no adquiere la condición de parte en el procedimiento incoado por denuncia.

‖ Procedimiento

Recibida una denuncia, se remitirá al órgano competente para realizar las actuaciones que pudieran proceder.

Este órgano podrá:

- Acordar el archivo de la denuncia en los siguientes supuestos:
  - » Cuando se considere infundada.
  - » Cuando no se concreten o identifiquen suficientemente los hechos o las personas denunciadas.
- Iniciar las actuaciones que procedan si existen indicios suficientes de veracidad en los hechos imputados y éstos son desconocidos para la Administración tributaria. En este caso, la denuncia no formará parte del expediente administrativo.

CUESTIÓN

¿En qué posición queda el denunciante tras haber presentado la misma?

Una vez interpuesta la denuncia se aparta al denunciante del proceso:

- Como ya hemos apuntado, no se le considerará interesado en las actuaciones administrativas que se inicien como consecuencia de la denuncia.
- No se le informará del resultado de las mismas.
- No estará legitimado para la interposición de recursos o reclamaciones en relación con los resultados de dichas actuaciones.

RESOLUCIÓN ADMINISTRATIVA

Consulta vinculante de la Dirección General de Tributos (V0826-22), de 19 de abril de 2022

Asunto: Limitaciones de la denuncia pública.

«(...) la ley no establece que la legitimación para la presentación de la denuncia pública esté limitada a los obligados tributarios.

Cuestión distinta es que, para iniciar un procedimiento de rectificación de autoliquidaciones se ha de haber presentado la misma como obligado tributario. Así, dispone el artículo 120.3 de la LGT:

"Cuando un obligado tributario considere que una autoliquidación ha perjudicado de cualquier modo sus intereses legítimos, podrá instar la rectificación de dicha autoliquidación de acuerdo con el procedimiento que se regule reglamentariamente.".

Es decir, **como denunciante, no cabe solicitar la rectificación de una autoliquidación**. Cabe solicitar dicha rectificación como obligado tributario que, en dicha condición, ha presentado la misma siempre que considere que se han perjudicado sus intereses legítimos o bien presentar la solicitud bajo las especialidades del artículo 129 del Reglamento General de las actuaciones y los procedimientos de gestión e inspección tributaria y de desarrollo de las normas comunes de los procedimientos de aplicación de los tributos, aprobado por el Real Decreto 1065/2007, de 27 de julio (BOE de 5 de septiembre), siempre que se estuviera bajo dicho amparo, lo que no se deduce de los hechos expuestos.

(...) tal y como se expone en el artículo 114 de la LGT, el órgano competente para realizar las actuaciones será el que determine si se inician o no las mismas, no formando la denuncia parte del expediente administrativo. El denunciante no tiene la consideración de interesado en las actuaciones administrativas que se puedan iniciar ni se le ha de informar sobre las mismas. Asimismo, en base a dicho precepto, **a través de la denuncia pública solo se podrán poner en conocimiento de la Administración tributaria hechos o situaciones que puedan ser constitutivos de infracciones tributarias o tener trascendencia para la aplicación de los tributos, no de carácter estrictamente civil.**

En cuanto a última cuestión referida al régimen sancionador y, en base al artículo 179 de la LGT, **el hecho de interponer una denuncia no es causa per se, en principio, de exoneración de la responsabilidad en la comisión de infracciones tributarias que se hubieran podido cometer**. En su caso, corresponde al órgano competente de la Administración tributaria gestora dirimir esta cuestión en el procedimiento eventualmente procedente».

1.9. Potestades y funciones de comprobación e investigación de la Administración tributaria

La potestades y funciones de comprobación e investigación de la Administración tributaria: alcance y límites

La comprobación es una actividad administrativa dirigida a la determinación de los hechos relevantes para la liquidación del tributo y, su caso, para la regularización tributaria del obligado.

Todos los órganos de la Administración tributaria, y no sólo la inspección (artículos 141, 142 y 145 de la LGT), sino también los de gestión (artículos 134 y ss. de la LGT), incluso los de recaudación (artículos 162 de la LGT), tienen competencia para las actividades de comprobación e investigación. Aunque sólo cuando la comprobación la realice la Inspección, la resolución que ponga fin al expediente tendrá la consideración de liquidación definitiva (artículo 101 de la LGT). Por el contrario, las actuaciones de comprobación formal de los datos consignados en las declaraciones tributarias, o las de comprobación abreviada, facultan sólo al órgano de gestión para dictar liquidaciones provisionales. Ello es consecuencia de que las facultades de comprobación en el procedimiento de gestión no alcanzan la amplitud de la comprobación e investigación realizada por la Inspección. Así, la comprobación abreviada en procedimiento de gestión, aunque es algo más que una mera verificación de datos para detectar errores en la declaración o autoliquidación presentada por el contribuyente, o la discordancia de los datos declarados con los obrantes en poder de la Administración (artículos 131 a 133 de la LGT), es limitada en cuanto al objeto, sólo se refiere a las declaraciones o autoliquidaciones presentadas o las omitidas cuando obren antecedentes en poder de la Administración; en los medios, pues los órganos de gestión no tienen la facultad de examen de la contabilidad mercantil ni de requerir de terceros información sobre movimientos financieros, y en cuanto al lugar de realización, pues las actuaciones de comprobación limitada se realizarán con carácter general en las oficinas de la Administración tributaria (artículo 136 de la LGT).

En suma, en sede de gestión las actuaciones de comprobación se refieren a datos y antecedentes que obren en poder de la Administración tributaria, sin que supongan una auténtica investigación del hecho, reservada sólo a la Inspección de los Tributos, a la que el artículo 142 de la LGT reconoce amplias facultades de investigación, con posibilidad de examen de la documentación contable y de requerir información de terceros con el solo límite de que tenga relevancia tributaria. Y estas amplias facultades son reconocidas en el artículo 162 de la LGT a los órganos de recaudación ejecutiva con la finalidad de asegurar o efectuar el cobro de la deuda tributaria.

Por tanto, en virtud de lo dispuesto en el artículo 115 de la LGT, podemos afirmar que la Administración tributaria, para verificar el correcto cumplimiento de las normas aplicables, podrá comprobar e investigar los siguientes aspectos:

- Hechos.
- Actos.
- Elementos.
- Actividades.
- Explotaciones.
- Negocios.
- Valores.
- Las demás circunstancias determinantes de la obligación tributaria.

Esta comprobación e investigación podrá realizarse aún en el caso de que afecte a ejercicios o periodos y conceptos tributarios respecto de los que se hubiese producido la prescripción, ampliándose así el ámbito de las comprobaciones e investigaciones a hechos que tuvieron lugar en ejercicios ya prescritos, siempre que sus efectos afecten a ejercicios no prescritos.

En el desarrollo de las funciones de comprobación e investigación a que se refiere este artículo, la Administración tributaria podrá calificar los hechos, actos, actividades, explotaciones y negocios realizados por el obligado tributario con independencia de la previa calificación que éste último hubiera dado a los mismos y del ejercicio o periodo en el que la realizó, resultando de aplicación, en su caso, lo dispuesto en los artículos 13, 15 y 16 de la LGT.

Esta calificación realizada por la Administración tributaria en los procedimientos de comprobación e investigación en aplicación de lo dispuesto en este apartado **extenderá sus efectos respecto de la obligación tributaria objeto de aquellos** y, en su caso, respecto de **aquellas otras respecto de las que no se hubiese producido la prescripción** regulada en el artículo 66.a) de la LGT.

Estas precisiones con respecto a la imprescriptibilidad de las actuaciones de comprobación han sido introducidas por la Ley 34/2015, de 21 de septiembre, en vigor desde el 12 de octubre de 2015, que también introduce un nuevo artículo 66 bis en la LGT que complementa este derecho de la Administración. Hay que recordar que el Tribunal Supremo ya venía aplicando este criterio aunque no con uniformidad, tal y como bien recoge el voto particular de la **STS n.º 382/2025, de 2 de abril, ECLI:ES:TS:2025:1439**, que analiza el conflicto entre la seguridad jurídica que da la prescripción ya ganada, y la imprescriptibilidad regulada en el artículo 115 de la LGT resumiendo la postura de nuestro Alto Tribunal en distintas sentencias.

A TENER EN CUENTA. Los actos de concesión o reconocimiento de beneficios fiscales que estén condicionados al cumplimiento de ciertas condiciones futuras o a la efectiva concurrencia de determinados requisitos no comprobados en el procedimiento en que se dictaron tendrán carácter provisional. La Administración tributaria podrá comprobar en un posterior procedimiento de aplicación de los tributos la concurrencia de tales condiciones o requisitos y, si procede, regularizar la situación tributaria del obligado sin necesidad de proceder a la previa revisión de dichos actos provisionales.

CUESTIÓN

¿Puede la AEAT exigir justificación documental que afecte a ejercicios prescritos?

Sí, tal y como hemos visto, en virtud del artículo 115 de la LGT podría exigirse documentación de ejercicios prescritos, y así lo recoge la **consulta vinculante de la Dirección General de Tributos (V2513-23), de 18 de septiembre de 2023**: «(...) con independencia de la obligación tributaria en concreto respecto a la cual la Administración tributaria solicite la justificación documental, extremo éste que no es manifestado por el consultante, el artículo 115 de la LGT habilita a esa solicitud, incluso aunque dicha justificación documental afecte a ejercicios prescritos, siempre y cuando resulte precisa en relación a una obligación tributaria no prescrita».

RESOLUCIÓN RELEVANTE

Sentencia de la Audiencia Nacional, rec. 1320/2020, de 23 de junio de 2025, ECLI:ES:AN:2025:3174

Asunto: Aplicación de la imprescriptibilidad de las actuaciones de comprobación incluso para actuaciones realizadas antes de la reforma que la reconoce cuando aún iniciado el procedimiento antes de la reforma no se hubiese formalizado propuesta de liquidación.

«*La jurisprudencia ha interpretado esta reforma legal en el sentido de declarar que, tras la entrada en vigor de la Ley 34/2015, se ha recogido por el legislador el* **principio de imprescriptibilidad de las actuaciones de comprobación**, *y ello* **con independencia de la fecha en que se realizó el negocio "calificado"**, *si lo fue bajo la vigencia de la Ley de 1963, como aquí ocurre, o con la vigencia de la LGT de 2003 en la redacción original del artículo 115, pues lo determinante es que el régimen jurídico establecido tras la reforma de la Ley General Tributaria llevada a cabo por la Ley 34/2015 resulte de aplicación, por tratarse de procedimientos de comprobación e investigación ya iniciados a la entrada en vigor de la Ley, en los que a dicha fecha* **no se hubiera formalizado propuesta de liquidación** *(por ejemplo, en sentencia del Tribunal Supremo de 11 de marzo de 2024, rec. 8243/2022, FJ 4.5).*

40. Según la jurisprudencia, tras la reforma de la Ley 34/2015 se han reforzado las potestades administrativas en esta materia, lo que se desprende no solo del tenor del artículo 115 LGT que impulsa la reforma, sino de la introducción del nuevo artículo 66 bis, habiéndose dado reflejo legal al criterio tradicionalmente mantenido por la Administración tributaria, conforme al cual el artículo 66 LGT, que regula el instituto de la prescripción, no impide comprobar ejercicios prescritos que puedan proyectar sus efectos en ejercicios no prescritos (por ejemplo, en sentencia del Tribunal Supremo de 11 de marzo de 2024, rec. 8243/2022, FJ 4.5).

41. En definitiva -concluye el Tribunal Supremo-, **se amplían las facultades de la Administración tributaria, que podrá comprobar e investigar los hechos, actos, elementos, explotaciones, negocios, valores y demás circunstancias que determinen la obligación tributaria aun cuando éstos afecten a ejercicios o periodos y conceptos tributarios respecto de los que se hubiese producido la prescripción del derecho de la Administración a determinar la deuda tributaria mediante la oportuna liquidación, siempre y cuando hubieran de surtir efectos fiscales en ejercicios o periodos en los que dicha prescripción no se hubiese producido** *(por ejemplo, en sentencia del Tribunal Supremo de 11 de marzo de 2024, rec. 8243/2022, FJ 4.6).*

42. Lo resuelto hasta aquí permite descartar, por una parte, que sea aplicable el art. 115 de la LGT en su redacción original, como sostiene el recurrente.

43. Al resultar aplicable la redacción del art. 115 de la LGT introducida por la Ley 34/2015, conforme a la jurisprudencia expuesta, no hay duda de que la Administración tributaria podía comprobar e investigar los hechos determinante de la obligación tributaria aun cuando éstos afectaran a ejercicios o periodos y conceptos tributarios respecto de los que se hubiese producido la prescripción del derecho de la Administración a determinar la deuda tributaria mediante la oportuna liquidación, siempre y cuando hubieran de surtir efectos fiscales en ejercicios o periodos en los que dicha prescripción no se hubiese producido, como es el caso».

‖ El plan de control tributario

El DEJ RAE define el plan de control tributario como el «(...) *Documento elaborado por la Administración tributaria de carácter reservado, sin perjui-*

cio de la publicidad de las directrices generales que lo informan, en el que se determinan anualmente las líneas de actuación de prevención y control del fraude más relevantes».

Por su parte, el artículo 116 de la LGT dispone que la Administración tributaria elaborará anualmente un plan de control tributario que tendrá carácter reservado, aunque ello no impedirá que se hagan públicos los criterios generales que lo informen.

Por su parte, el artículo 170 del RGAT dispone que cada Administración tributaria integrará en el Plan de control tributario, el plan o los planes parciales de inspección, que se basarán en los siguientes criterios:

- Riesgo fiscal.
- Oportunidad.
- Aleatoriedad.
- Otros criterios que se estimen pertinentes.

Añade también que: «*En el ámbito de las competencias de la Agencia Estatal de Administración Tributaria, el plan o los planes parciales de inspección se elaboraran anualmente basándose en las directrices del Plan de control tributario, en el que se tendrán en cuenta las propuestas de los órganos inspectores territoriales, y se utilizará el oportuno apoyo informático».*

Resulta interesante citar aquí la **sentencia del Tribunal Supremo n.º 1611/2018, de 13 de noviembre, ECLI:ES:TS:2018:3750**, en la que se afirma:

> «Habiéndose de destacar que estos Planes permitirán señalar o singularizar grupos colectivos sobre los que la Administración tenga razonables indicios de fraude, e iniciar frente a sus componentes actuaciones de reclamación de información como paso previo para iniciar en su caso actuaciones individualizadas de investigación.
>
> Y siendo de subrayar muy especialmente que, en lo que hace a la motivación de estas reclamaciones colectivas de información, consistirá en explicar o justificar por qué el colectivo de que se trate ha de considerarse incluido en el correspondiente Plan».

2.
PROCEDIMIENTO DE RECAUDACIÓN TRIBUTARIA

El procedimiento de recaudación tributaria

El procedimiento de recaudación tributaria tiene por objeto cobrar las deudas que han sido liquidadas previamente por la Administración o aquellas deudas que han sido autoliquidadas por el obligado tributario sin realizar el ingreso de éstas. En este sentido, el artículo 160 de la LGT establece que la recaudación tributaria consiste en **el ejercicio de las funciones administrativas conducentes al cobro de las deudas tributarias.**

La recaudación tributaria engloba todas aquellas actuaciones necesarias para el cobro de la deuda. Se regula en el capítulo V, del título III de la LGT, que contiene las normas relativas al procedimiento de recaudación en período ejecutivo y a la ejecución de la deuda por la vía de apremio.

En este período puede tener lugar el pago de forma espontánea sin perjuicio de los recargos que procedan (artículos 27 y 28 de la LGT). Pero fuera de este supuesto de cumplimiento voluntario, la LGT atribuye a la Administración tributaria potestades para proceder a la ejecución forzosa por la vía de apremio, mediante las actuaciones relativas al embargo de bienes y su posterior enajenación para, con su importe, proceder al ingreso debido.

Por tanto, conviene diferenciar que la recaudación de las deudas tributarias se podrá realizar:

- **En periodo voluntario**: mediante el pago o cumplimiento del obligado tributario en los plazos establecidos. (artículo 62 de la LGT). El pago en período voluntario es el que se realiza dentro del plazo ordinario o voluntario que se establece para el ingreso. Dicho plazo será el fijado por la normativa de cada tributo, en el caso de liquidaciones que presente el contribuyente, o bien el que proceda en función del día en el que se notifique la liquidación, cuando sea practicada por la Administración.

La recaudación en período voluntario concluirá el día del vencimiento de los correspondientes plazos de ingreso. En el caso de deudas a ingresar mediante autoliquidación presentada fuera de plazo sin realizar el ingreso o sin presentar solicitud de aplazamiento, fraccionamiento o compensación, concluirá el mismo día de la presentación de la autoliquidación.

- **En periodo ejecutivo**: es aquel que se produce una vez finalizado el plazo voluntario de ingreso, mediante el pago o cumplimiento espontáneo del obligado tributario o, en su defecto, a través del procedimiento administrativo de apremio. Conlleva la exigencia de los recargos del período ejecutivo, de intereses de demora y, en su caso, de las costas del procedimiento de apremio.

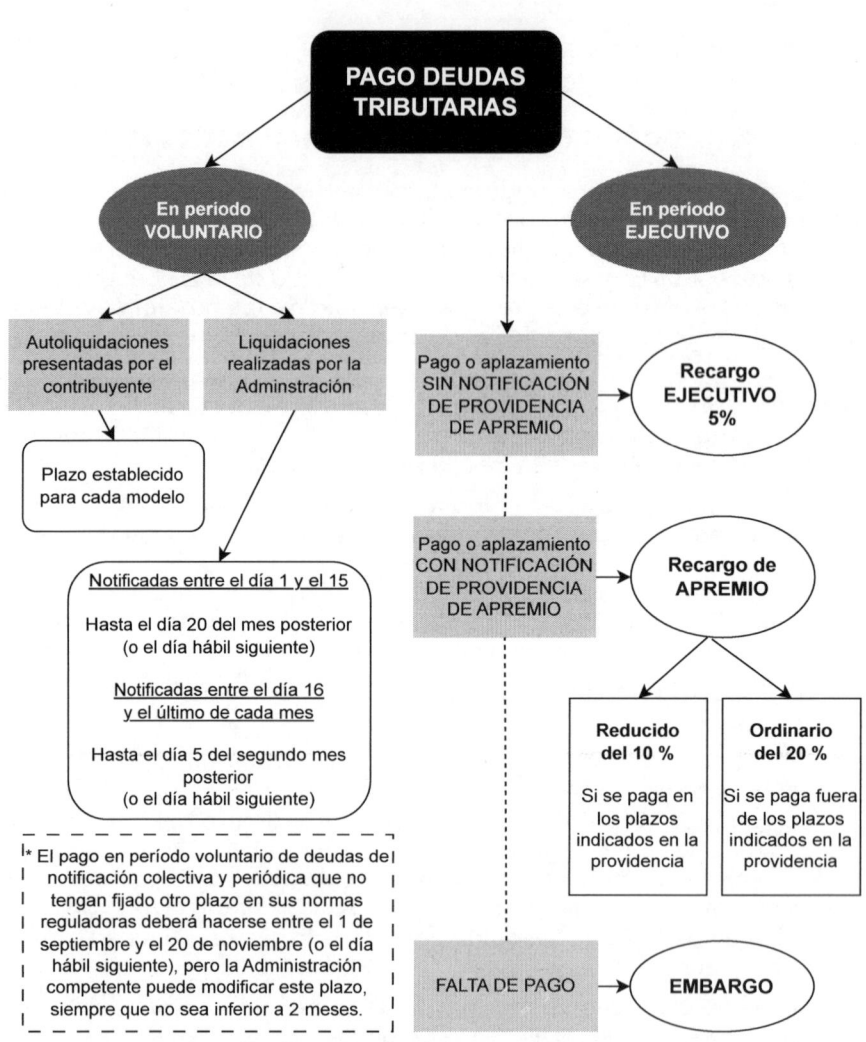

2.1. Recaudación tributaria en período ejecutivo

La recaudación tributaria durante el período ejecutivo

El artículo 161 de la Ley General Tributaria (LGT) regula el inicio y efectos del período ejecutivo de recaudación, es decir, la fase en la que la Administración tributaria procede al cobro forzoso de las deudas tributarias no ingresadas en plazo voluntario.

Su función esencial es doble:

- Determinar cuándo se entra en período ejecutivo.
- Fijar las consecuencias jurídicas de ese inicio: recargo, intereses y utilización del procedimiento de apremio.

El período ejecutivo se inicia automáticamente una vez finalice el plazo establecido para el pago del tributo en período voluntario.

- En el caso de **deudas liquidadas por la Administración tributaria**, el día siguiente al del vencimiento del plazo establecido para su ingreso en el artículo 62 de la LGT.
- En el caso de **deudas a ingresar mediante autoliquidación presentada sin realizar el ingreso**, al día siguiente de la finalización del plazo que establezca la normativa de cada tributo para dicho ingreso o, si éste ya hubiere concluido, el día siguiente a la presentación de la autoliquidación.

> **A TENER EN CUENTA**. Durante el periodo ejecutivo el obligado al pago puede satisfacer total o parcialmente la deudas. Cuando el pago fuese parcial el procedimiento continuará por el resto impagado.

Este inicio produce importantes **efectos jurídicos** (apartado 4 del artículo 161 de la LGT):

- Exigencia del interés de demora (artículo 26 de la LGT).
- Exigencia de los recargos del período ejecutivo, de apremio reducido y apremio ordinario, según el momento en que se satisfaga la deuda (artículo 28 de la LGT).
- Exigencia de las costas del procedimiento de apremio.
- Pero el más relevante es que permite a la Administración tributaria iniciar el procedimiento de apremio (artículos 163 a 173 de la LGT). Tal y como se recoge en el apartado tercero del artículo 161 de la LGT, una vez iniciado el período ejecutivo, la Administración tributaria efectuará la recaudación de las deudas liquidadas o autoliquidadas por el procedimiento de apremio sobre el patrimonio del obligado. Es importante tener en cuenta que el período ejecutivo y el procedimiento de apremio son conceptos distintos. Tal y como explica la **sentencia del Tribunal Supremo n.º 416/2019, de 27 de marzo, ECLI:ES:TS:2019:1059**, el período ejecutivo produce la extinción de la obligación tributaria, bien por pago, prescripción, etc., y esto puede

suceder antes de haberse iniciado el procedimiento de apremio. Esto nos lleva a afirmar que si bien la terminación del procedimiento de apremio conlleva la finalización del período ejecutivo, la finalización del período ejecutivo puede producirse antes de que se inicie el procedimiento de apremio. Añade la mentada sentencia que:

«Queda claro que el período ejecutivo y el procedimiento de apremio son dos realidades distintas de la función recaudatoria pero relacionadas entre sí, puesto que el comienzo del período ejecutivo constituye el presupuesto temporal para la iniciación del procedimiento de apremio, tal y como establece el apartado 3 del artículo 161 de la LGT : 'Iniciado el período ejecutivo, la Administración tributaria efectuará la recaudación de las deudas líquidas o autoliquidadas a las que se refiere el apartado 1 de este artículo por el procedimiento de apremio sobre el patrimonio del obligado al pago'. En definitiva, el período ejecutivo es una realidad temporal de la recaudación que permite la satisfacción de la deuda tributaria insatisfecha en período voluntario, tanto de forma 'espontánea' como a través de un procedimiento ejecutivo contra el patrimonio del obligado al pago'.

Aunque se haya iniciado el periodo ejecutivo, el obligado tiene la posibilidad de realizar un pago voluntario, pero ello es así únicamente cuando no se ha notificado la providencia de apremio, puesto que una vez que esto último ha tenido lugar el pago ya no es voluntario, de ahí que las consecuencias sean distintas. En el primer caso, se devenga el recargo ejecutivo (5 %) y en el segundo, el recargo de apremio reducido (10 %)».

Existen determinados supuestos en los que, a pesar de la expiración de aquel plazo, **no comienza el período ejecutivo,** pudiendo destacar los siguientes:

- Cuando se presente una **solicitud de aplazamiento, fraccionamiento o compensación en período voluntario**. Sin embargo, la LGT contempla una excepción al establecer que las mentadas solicitudes, así como las solicitudes de suspensión y pago en especie, no impedirán el inicio del periodo ejecutivo cuando se hubiera denegado con anterioridad, respecto de la misma deuda tributaria, otra solicitud previa de aplazamiento, fraccionamiento, compensación, suspensión o pago en especie en periodo voluntario habiéndose abierto otro plazo de ingreso sin que se hubiera producido el mismo.

- Por la **interposición de un recurso o reclamación** en tiempo y forma contra una sanción impedirá el inicio del período ejecutivo hasta que la sanción sea firme en vía administrativa y haya finalizado el plazo para el ingreso voluntario del pago.

Además, también hay que tener en cuenta que a lo largo de la LGT se recogen algunos supuestos en los que se suspende la ejecución, como, por ejemplo, el supuesto del artículo 233 de la citada ley, en el que se recoge que cuando se impugna un acto, su ejecución quedará suspendida a instancia del interesado si se garantiza el importe de dicho acto, los intereses de demora que genere la suspensión y los recargos que procederían en caso de ejecución de la garantía. También podrá acordarse la suspensión por un tribunal, en cuyo caso, el inicio del período ejecutivo quedará suspendido hasta la resolución judicial firme cuando se haya acordado la suspensión como medida cautelar por el juez o tribunal de lo contencioso-administrativo.

La presentación de una solicitud de aplazamiento o fraccionamiento en período ejecutivo no impide que la Administración pueda iniciar o continuar el procedimiento de apremio, pero se suspende la enajenación de los bienes embargados hasta la notificación de la resolución denegatoria del aplazamiento o fraccionamiento (apartado 5 del artículo 65 de la LGT).

> **A TENER EN CUENTA**. La presentación de la solicitud de tasación pericial contradictoria o la reserva del derecho a promoverla determina la suspensión de la ejecución de la liquidación (artículo 135.1 de la LGT).

CUESTIONES

1. ¿Qué ocurre cuando se inadmite una solicitud de aplazamiento de pago o durante su tramitación se paga la deuda?

El TEAC da la respuesta a esta cuestión en su resolución n.º 5121/2023, de 18 de febrero, en la que concluye que:

«La inadmisión de una solicitud de aplazamiento o fraccionamiento presentada en período voluntario supone la aplicación del artículo 47.3 del Reglamento General de Recaudación, de modo que la solicitud se tiene por no presentada a todos los efectos, lo que supone que el plazo de pago voluntario originario no se ve alterado de forma alguna. En concreto, si el pago del total de la deuda incluida en la solicitud se produjera después de la notificación de la resolución de inadmisión pero transcurrido el plazo de pago voluntario original y antes de la notificación de la providencia de apremio, sería exigible el recargo ejecutivo regulado en el artículo 28.2 de la Ley General Tributaria.

Si en cualquier momento durante la tramitación del aplazamiento o fraccionamiento solicitado en período voluntario, el interesado efectuase el ingreso total de la deuda incluida en la solicitud, se le tendrá por desistido tácitamente de su solicitud. La Administración Tributaria aceptará dicho desistimiento tácito y declarara el archivo sin perjuicio de su derecho a liquidar, ex artículo 51.3 del Reglamento General de Recaudación, los intereses de demora devengados desde el día siguiente a la fecha de vencimiento en período voluntario hasta la fecha de ingreso».

2. ¿La declaración de concurso suspende el plazo voluntario de pago?

No, la declaración de concurso no suspenderá el plazo voluntario de pago de las deudas que tengan la calificación de concursal de acuerdo con el texto refundido de la Ley Concursal aprobado por el Real Decreto Legislativo 1/2020, de 5 de mayo, sin perjuicio de que las actuaciones del periodo ejecutivo se rijan por lo dispuesto en dicho texto refundido.

RESOLUCIÓN RELEVANTE

Sentencia del Tribunal Supremo n.º 1230/2021, de 14 de octubre, ECLI:ES:TS:2021:4964

Asunto: Reiteración de solicitudes de aplazamiento antes de la reforma del artículo 161 por la Ley 11/2021, de 9 de julio.

«Ciertamente la reiteración de solicitudes pueden ocultar una intención fraudulenta, y alargar indebidamente el pago efectivo de la deuda, pero es la propia normativa, artº 47.2 del RGR, la que sale al paso de esta eventualidad, y prevé su inadmisibilidad cuando ' no contengan modificación sustancial respecto de la solicitud

previamente denegada y, en particular, cuando dicha reiteración tenga por finalidad dilatar, dificultar o impedir el desarrollo de la gestión recaudatoria'. Aunque en todo caso, conforme a la jurisprudencia referida, antes de iniciar el período ejecutivo y procedimiento de apremio, debe resolverse en dicho sentido. Por lo demás, ningún reparo se opuso siquiera de que la reiteración no contuviera modificación sustancial o tuviera una intención obstaculizadora de la gestión recaudatoria.

Con la reforma por la Ley 11/2021 del art° 161.2 de la LGT, en los términos visto se visualiza la corrección de la tesis antes expuesta, puesto que en definitiva se viene a regular ex lege el supuesto que contemplamos, pues respecto de la reiteración de la solicitud denegada, ahora sí, no impide el inicio del período ejecutivo; reforma que, insistimos, no es aplicable por motivos temporales al caso que nos ocupa, si bien no estorba indicar que aún la misma de haber sido aplicable, en modo alguno incide sobre la doctrina jurisprudencial anteriormente citada, puesto que en todo caso es requisito primero e insoslayable que antes de dictar providencia de apremio era preciso resolver sobre la reiterada solicitud de aplazamiento realizada,

(...) antes de la reforma del art° 161.2 de la LGT por Ley 11/2021, la solicitud reiterada de aplazamiento o fraccionamiento de pago en período voluntario que resultó denegada anteriormente, impide el inicio del período ejecutivo antes de que venzan los plazos previstos en el art° 62.2 de la LGT; en todo caso, la solicitud reiterada de aplazamiento o fraccionamiento de pago en período voluntario debe ser resuelta por la Administración antes de que esta inicie el procedimiento de apremio».

RESOLUCIÓN ADMINISTRATIVA

Resolución del Tribunal Económico Administrativo Central n.° 1430/2015, de 30 de septiembre de 2015

Asunto: La eficacia de los actos administrativos no se ve demorada por la falta de firmeza.

«La eficacia del acuerdo por el que la Administración Tributaria resuelve una solicitud de aplazamiento/fraccionamiento no queda demorada hasta que sea firme, sin que en base exclusivamente a esa falta de firmeza puedan ser anulados los actos subsiguientes del procedimiento ejecutivo».

2.2. Facultades de la recaudación tributaria

2.2.1. Las facultades de los funcionarios de recaudación y los deberes de los obligados

¿Cuáles son las facultades para el ejercicio de las funciones de recaudación tributaria?

Para asegurar o efectuar el cobro de la deuda tributaria, los funcionarios que desarrollen funciones de recaudación podrán comprobar e investigar la existencia y situación de los bienes o derechos de los obligados tributarios, y contarán para ello con las siguientes facultades:

- Tendrán las **facultades que otorga la ley a la Administración tributaria para la inspección de los tributos** (artículo 142 de la LGT). De las facultades del artículo 142 de la LGT cabe destacar la recogida en su apartado segundo que permite a los funcionarios, en las condiciones determinadas reglamentariamente, entrar en las fincas, locales de negocio y demás establecimientos o lugares en que se desarrollen actividades o explotaciones sometidas a gravamen, existan bienes sujetos a tributación, se produzcan hechos imponibles o supuestos de hecho de las obligaciones tributarias o exista alguna prueba de los mismos, siempre que exista un acuerdo de entrada de la autoridad administrativa, o que el obligado tributario o persona bajo cuya custodia se encuentren otorguen su consentimiento para ello. Si se tratase de entrada en el domicilio constitucionalmente protegido del obligado tributario, se requeriría autorización judicial.

- Podrán **adoptar medidas cautelares** en los mismos términos previstos para el procedimiento de inspección (artículo 146 de la LGT). Las medidas cautelares deberán estar debidamente motivadas, y adoptarse para impedir que desaparezcan, se destruyan o alteren las pruebas determinantes de la existencia o cumplimiento de obligaciones tributarias o que se niegue posteriormente su existencia o exhibición. También se exige que dichas medidas sean proporcionadas y limitadas temporalmente a los fines ya citados, sin que esté permitida la adopción de medidas que puedan producir un perjuicio de difícil o imposible reparación, y que sean ratificadas por el órgano competente para liquidar en el plazo de 15 días desde su adopción.

- Los funcionarios que desempeñen funciones de recaudación desarrollarán las **actuaciones materiales que sean necesarias en el curso del procedimiento de apremio**.

- Si el obligado tributario no cumpliera las resoluciones o requerimientos que al efecto se hubiesen dictado, se podrá **acordar, previo apercibimiento, la ejecución subsidiaria** de dichas resoluciones o requerimientos, mediante acuerdo del órgano competente.

Tal y como se recoge en el artículo 10 del Reglamento General de Recaudación los funcionarios que desempeñen funciones de recaudación serán considerados **agentes de la autoridad** y tendrán las facultades de la inspección previstas en el artículo 142 de la LGT.

Además, también están facultados para realizar las **actuaciones de obtención de información** previstas en los artículos 93 y 94 de la LGT.

En este sentido cabe destacar que el artículo 93 de la LGT establece un marco amplio y detallado para las actuaciones de obtención de información, garantizando la colaboración de los contribuyentes con la Administración tributaria y delimitando claramente los procedimientos y finalidades de dichos requerimientos. Como aspectos más relevantes de dicho artículo podemos señalar:

- **Obligación de proporcionar información**: las personas físicas o jurídicas, públicas o privadas, así como las entidades mencionadas en el artículo 35.4 de la LGT, están obligadas a proporcionar a la Administración tributaria toda clase de datos, informes, antecedentes y justificantes con trascendencia tributaria relacionados con el cumplimiento de sus propias obligaciones tributarias o derivados de sus relaciones económicas, profesionales o financieras con otras personas. También los funcionarios públicos se encuentran obligados a colaborar con la Administración tributaria suministrando toda clase de información con trascendencia tributaria de la que dispongan, salvo aquellos casos en los que se aplique alguno de los secretos relacionados en el apartado 4 del artículo 93 de la LGT.

- **Forma y plazos**: estas obligaciones deben cumplirse en la forma y plazos establecidos reglamentariamente o mediante requerimientos individualizados que pueden realizarse en cualquier momento posterior a las operaciones relacionadas con los datos o antecedentes requeridos.

Por su parte el artículo 94 de la LGT regula la obligación de informar y colaborar de distintas autoridades que estarán obligadas a suministrar a la Administración tributaria cuantos datos, informes y antecedentes con trascendencia tributaria recabe ésta mediante disposiciones de carácter general o a través de requerimientos concretos, y a prestarle, a ella y a sus agentes, apoyo, concurso, auxilio y protección para el ejercicio de sus funciones. Además, también participaran en la gestión o exacción de los tributos mediante las advertencias, repercusiones y retenciones, documentales o pecuniarias, de acuerdo con lo previsto en las leyes o disposiciones reglamentarias vigentes.

No obstante lo anterior, **la jurisprudencia ha matizado el alcance de estas facultades** en lo que a solicitud de información al obligado tributario se refiere, señalando que «*(...) un órgano de recaudación no puede practicar requerimientos genéricos de información. Mientras que, en principio, todo sujeto pasivo de no importa qué tributos está sujeto a la potestad de comprobación e inspección de la Administración tributaria, justificándose así la existencia de requerimientos generales de información, siempre que aparezcan suficientemente motivados y se adopten siguiendo los cauces previstos en la norma, sólo quedan sometidos al ámbito competencial de los órganos de recaudación quienes aparezcan como deudores de la Hacienda pública, no cabiendo, por ello, practicar requerimientos generales en este ámbito. En suma, tratándose de la recaudación y, por lo tanto, de los órganos administrativos que la tienen encomendada, no cabe practicar requerimientos desvinculados del cobro o de la exacción de créditos concretos y específicos*». (**STS, rec. n.º 2014/2012, de 20 de enero de 2015, ECLI:ES:TS:2015:357**).

CUESTIONES

1. Las medidas cautelares que puedan acordarse en los procedimientos de recaudación, ¿en qué medidas concretas pueden consistir?

La LGT se remite a su artículo 146, que regula las medidas cautelares en el procedimiento de inspección, y señala que podrán consistir en el precinto, depósito o incautación de las mercancías o productos sometidos a gravamen, así como de libros, registros, documentos, archivos, locales o equipos electrónicos de tratamiento de datos que puedan contener la información de que se trate.

2. ¿Qué datos deben precisar los requerimientos individualizados relativos a los movimientos de cuentas corrientes, depósitos de ahorro y a plazo, cuentas de préstamos y créditos y demás operaciones activas y pasivas, incluidas las que se reflejen en cuentas transitorias o se materialicen en la emisión de cheques u otras órdenes de pago, de los bancos, cajas de ahorro, cooperativas de crédito y cuantas entidades se dediquen al tráfico bancario o crediticio?

Deberán precisar los datos identificativos del cheque u orden de pago de que se trate, o bien las operaciones objeto de investigación, los obligados tributarios afectados, titulares o autorizados, y el período de tiempo al que se refieren. Además, la LGT aclara que estos requerimientos podrán efectuarse en el ejercicio de las funciones de inspección o recaudación, previa autorización del órgano de la Administración tributaria que reglamentariamente se determine.

RESOLUCIÓN RELEVANTE

Sentencia del Tribunal Supremo, rec. n.° 266/2012, de 13 de noviembre de 2014, ECLI:ES:TS:2014:4898

Asunto: Los requerimientos de información realizados por órganos de recaudación deben estar vinculados con la recaudación de crédito singulares.

«*Como decíamos en la sentencia de 14 de noviembre de 2011 (casa. 5782/2009) ante un caso análogo, la cuestión objeto de debate en el presente recurso de casación se encuentra perfectamente delimitada: se trata de saber si un órgano de recaudación de la Agencia Estatal de Administración Tributaria y concretamente la Unidad Regional del Departamento de Recaudación de la Delegación Especial de Valencia puede practicar requerimientos de información tributaria con carácter general o, por el contrario, dada la naturaleza de sus atribuciones, los requerimientos que practiquen deben estar directamente vinculados con la recaudación de créditos singulares.*

(...)

La sentencia de instancia, con buen criterio, concluyó que el tipo y el alcance del requerimiento practicado excedían el ámbito competencial del órgano de recaudación, ya que no constaba que se refiriera al cobro de una concreta deuda tributaria. Entendió que el artículo 93.1.c) circunscribe la posibilidad de que se practiquen este tipo de requerimientos por los órganos de recaudación a las personas o entidades depositarias de dinero en efectivo o en cuentas, valores u otros bienes de deudores a la Administración tributaria en período ejecutivo en el ejercicio de sus funciones.

Frente a este razonamiento el Abogado del Estado arguye que el artículo 10.2 del Reglamento General de Recaudación de 2005, con su remisión al artículo 93 de la Ley General Tributaria, contempla la previsión de que los órganos de recaudación practiquen requerimientos de información. Luego no es necesario que sea llevado a cabo con ocasión del cobro de una concreta deuda.

Como dijimos en la precitada sentencia de 14 de noviembre de 2011, no podemos compartir el razonamiento del representante de la Administración. **La circunstancia de que se contemple la posibilidad de que los órganos de recaudación puedan practicar requerimientos de información tributaria no significa reconocerles la potestad de realizar requerimientos de información a cualquier obligado tributario y en cualquier clase de contexto o situación.** *Se trata del ejercicio de una potestad que debe estar directamente vinculada al ámbito competencial y actividad que desarrolle el órgano en cuestión, es decir, sujeta a la previsión legal que justifica la actuación misma del órgano administrativo. Debe estar circunscrita, como establece el artículo 2 del mencionado Reglamento, a "la* **función administrativa** *conducente al cobro de las deudas y sanciones tributarias y demás recursos de naturaleza pública que deban satisfacer los obligados al pago". En el presente caso ni existían deudas o sanciones que recaudar, ni la finalidad del requerimiento iba encaminada a su cobro*

*En otras palabras, por definición, **un órgano de recaudación no puede practicar requerimientos genéricos de información**. Mientras que, en principio, todo sujeto pasivo de no importa qué tributos está sujetos a la potestad de comprobación e inspección de la Administración tributaria, justificándose así la existencia de requerimientos generales de información, siempre que aparezcan suficientemente motivados y se adopten siguiendo los cauces previstos en la norma, sólo quedan sometidos al ámbito competencial de los órganos de recaudación quienes aparezcan como deudores de la Hacienda pública, no cabiendo, por ello, practicar requerimientos generales en este ámbito. En suma, tratándose de la recaudación y, por lo tanto, de los órganos administrativos que la tienen encomendada, **no cabe practicar requerimientos desvinculados del cobro o de la exacción de créditos concretos y específicos**».*

|| Obligaciones por parte de los obligados tributarios

Conforme a lo dispuesto en el artículo 162 de la LGT, todo obligado tributario deberá poner en conocimiento de la Administración, cuando ésta así lo requiera, una **relación de bienes y derechos** integrantes de su patrimonio en cuantía suficiente para cubrir el importe de la deuda tributaria.

Si el obligado tributario no cumpliera las resoluciones o requerimientos que se hubiesen dictado para asegurar el cobro de la deuda tributaria, se podrá acordar, previo apercibimiento, la **ejecución subsidiaria** de dichas resoluciones o requerimientos, mediante acuerdo del órgano competente.

2.2.2. La asistencia mutua en la recaudación

Asistencia mutua en la recaudación tributaria

La asistencia mutua en el ámbito tributario se refiere al conjunto de acciones de colaboración, cooperación y asistencia que se desarrollan entre Estados miembros de la Unión Europea, entidades internacionales o supranacionales, y otros Estados, con el objetivo de facilitar la aplicación de los tributos. Estas acciones pueden incluir el intercambio de información, la recaudación de créditos tributarios, la adopción de medidas cautelares, y otras actuaciones necesarias para garantizar el cumplimiento de las obligaciones tributarias.

La recaudación de deudas en el **ámbito de la asistencia mutua** (artículo 177 octies de la LGT) se realizará mediante el pago o cumplimiento del obligado tributario en los términos previstos en los artículos 62.6 y 65.6 de esta LGT, así como, en su caso, a través de la aplicación de las normas de la sección 2.ª del capítulo V del título III de la LGT reguladoras del procedimiento de apremio, sin perjuicio de las especialidades contenidas en el capítulo VI dedicado a la asistencia mutua.

La jurisprudencia se ha pronunciado sobre el alcance limitado de este procedimiento, entre otras, la **STSJ de la Comunidad de Madrid n.º 579/2018, de 12 de julio, ECLI:ES:TSJM:2018:10666**, que indica que:

> «(...) El Acuerdo de deducción de la cantidad a devolver a la actora no proviene de deudas pendientes con la AEAT sino que se trata de un embargo que ha sido acordado por un órgano judicial, por lo que no estamos ante un acto administrativo susceptible de ser recurrido ante el orden jurisdiccional contencioso-administrativo, sino ante una decisión cuyo conocimiento corresponde al orden jurisdiccional civil, y de ahí que el embargo acordado, en su caso, deba ser recurrido o impugnado ante esa jurisdicción, ya que la AEAT se ha limitado a cumplir lo solicitado por el Juzgado y no tenía más obligación que la de comunicar, tal como ha hecho, a la entidad actora que procedía deducir en la cantidad solicitada por el Juzgado la devolución pendiente de la cantidad adeudada, ya que a ello estaba obligada conforme a lo establecido en el art. 177 octies LGT:
>
> (...)
>
> Por tanto, (...) **la Agencia Tributaria se limita a retener y poner a disposición de otra Administración**, concretamente a retener y poner a disposición de los Juzgados y Tribunales de la Administración de Justicia, **la cantidad que corresponde a una devolución tributaria para el pago de una deuda ajena y tendrá que ser en sede de la Administración de Justicia, a la que corresponde la deuda, donde se discuta el cauce procedimental que debió seguirse y por ende la procedencia de la deuda»**.

El artículo 177 nonies de la LGT hace mención a los **instrumentos de ejecución**, que son aquellos que habilitan para el ejercicio de las actuaciones recaudatorias. Este instrumento se asimila a la providencia de apremio. Tendrá la condición de título suficiente para iniciar el procedimiento de recaudación y tendrá la misma fuerza ejecutiva que la providencia de apremio (artículo 167.2 de la LGT) para proceder contra los bienes y derechos de los obligados al pago.

En ningún caso, ni el instrumento de ejecución ni los documentos que acompañen y se refieran al mismo, que hayan sido recibidos conforme a la normativa de asistencia mutua, estarán sujetos a acto alguno de reconocimiento, adición o sustitución por parte de la Administración tributaria española, salvo que dicha normativa establezca otra cosa.

Contra el instrumento de ejecución dictado al amparo de las normas de asistencia mutua **no serán admisibles los motivos de oposición a los que se refiere el artículo 167.3 de la LGT**, siendo de aplicación lo establecido en el artículo 177 duodecies.1 de la LGT, que señala que «*la revisión del instrumento de ejecución al que se refiere el artículo 177 nonies de esta Ley se llevará a cabo por el Estado o entidad internacional o supranacional requirente de la asistencia mutua, salvo que las normas reguladoras de la misma establezcan otra cosa*». Tal y como recoge la **sentencia del Tribunal Superior de Justicia de Cataluña n.º 777/2013, de 8 de noviembre, ECLI:ES:TSJCAT:2013:11811**: «(...) *en otras palabras, a dichos instrumentos no les resultan de aplicación los motivos de oposición que la LGT prevé para las providencias de apre-*

mio (artículo 167.3), y además *"la revisión del instrumento de ejecución a que se refiere el artículo 177 nonies de esta Ley se llevará a cabo por el Estado o entidad internacional o supranacional requirente de la asistencia mutua"»*.

Contra las diligencias de embargo dictadas al amparo de la asistencia mutua solo serán admisibles como motivos de oposición aquellos a los que se refiere el artículo 170.3 de la LGT que regula los motivos en virtud de los cuales puede llevarse a cabo la oposición de las diligencias de embargo, y que serían los siguientes:

- Extinción de la deuda o prescripción del derecho a exigir el pago.
- Falta de notificación de la providencia de apremio.
- Incumplimiento de las normas reguladoras del embargo contenidas en la LGT.
- Suspensión del procedimiento de recaudación.

A TENER EN CUENTA. Contra el resto de las actuaciones de la Administración tributaria española derivadas de una solicitud de cobro recibida en el marco de la asistencia mutua serán oponibles los motivos que deriven de la LGT y su normativa de desarrollo.

Se acordará la **suspensión** de oficio del procedimiento de recaudación instado al amparo de las normas de asistencia mutua por la comunicación de la existencia de un litigio por el Estado o entidad internacional o supranacional requirente que pudiera afectar al crédito respecto del cual se hubiera solicitado asistencia. Dicha suspensión también tendrá lugar cuando el interesado en el procedimiento comunique y acredite fehacientemente la existencia del mismo. Sin embargo, dicha suspensión no se acordará o quedará sin efecto cuando dicho Estado o entidad internacional o supranacional manifieste su voluntad a favor de la ejecución.

En el caso de que el litigio afecte solo a una parte de la solicitud de asistencia, la suspensión se entenderá producida solo respecto de la parte afectada por la impugnación, pudiéndose continuar con la ejecución de la parte no afectada.

Además, la suspensión también se producirá cuando alguno de los Estados o entidades internacionales o supranacionales intervinientes en dicha asistencia hubieran iniciado un procedimiento amistoso y el resultado de dicho procedimiento pudiera afectar al crédito respecto del cual se hubiera solicitado asistencia. La suspensión surtirá efectos hasta que concluya dicho procedimiento, salvo que, entre otros supuestos, existan indicios racionales de que dicho cobro se verá frustrado o gravemente dificultado, en cuyo caso se continuará la ejecución.

Los procedimientos de recaudación tramitados al amparo de la asistencia mutua podrán terminar, además de por las tres causas recogidas en el artículo 173 de la LGT (pago de la cantidad debida, acuerdo que declare el crédito total o parcialmente incobrable, o acuerdo de extinción de deuda por otras causas), por la modificación o retirada de la petición de cobro original efectuada por el Estado o entidad internacional o supranacional requirente de dicha asistencia.

CUESTIONES

1. ¿Puede realizarse una oposición a la diligencia de embargo dictada en virtud de la asistencia mutua fundamentada en medios de prueba obtenidos en actuaciones ante instancias administrativas o judiciales de otro Estado?

Sí, y en estos casos en los que el motivo de oposición se fundamente en medios de prueba obtenidos en actuaciones ante instancias administrativas o judiciales de otro Estado o entidad internacional o supranacional, se deberá solicitar por el órgano competente la debida acreditación de los mismos. La información remitida a estos efectos tendrá el valor probatorio que proceda en derecho de acuerdo con lo dispuesto en el artículo 106.2 de la LGT, que a su vez se remite a las normas contenidas en el Código Civil y en la Ley de Enjuiciamiento Civil sobre medios y valoración de prueba.

2. ¿Quién tiene la competencia para la revisión de las actuaciones recaudatorias llevadas a cabo en virtud de la asistencia mutua?

En estos casos hay que diferenciar dos supuestos:

– Cuando se trata de revisar el instrumento de ejecución la revisión se llevará a cabo por el Estado o entidad internacional o supranacional requirente de la asistencia mutua, salvo que las normas reguladoras de la misma establezcan otra cosa.

– Cuando se trate de las diligencias de embargo y demás actuaciones de la Administración tributaria derivadas de una solicitud de cobro recibida, se llevará a cabo por los órganos revisores establecidos en la LGT y en su normativa de desarrollo.

3.
PROCEDIMIENTO DE APREMIO EN EL ÁMBITO TRIBUTARIO

Regulación del procedimiento de apremio en el ámbito tributario

El privilegio de autotutela de la Administración le lleva a poder ejecutar por sí las propias resoluciones, y por ello la Administración tributaria tiene la competencia para desarrollar las actuaciones necesarias conducentes a la ejecución expropiatoria de los bienes del obligado tributario con la finalidad de exacción de la deuda. Este **procedimiento de apremio** tiene **carácter ejecutivo**, por lo que la providencia de apremio será título suficiente para iniciarlo y se le reconoce la misma fuerza ejecutiva que a la sentencia judicial para proceder contra los bienes y derechos de los obligados tributarios. Por esta misma razón, el obligado tributario no puede oponerse sino en virtud de motivos tasados relativos al propio título ejecutivo, como veremos.

La Ley General Tributaria, en su **artículo 163**, le atribuye al procedimiento de apremio carácter administrativo, destacando que la competencia para entender y resolver sobre el mismo y sus incidencias le corresponde a la Administración tributaria. Además, hay que destacar que **el procedimiento de apremio se iniciará y se impulsará de oficio en todos sus trámites**. Una vez iniciado, solamente se suspenderá en los casos y en la forma prevista en la normativa tributaria.

Por tanto, podemos concluir que, el procedimiento de apremio en el ámbito tributario es un mecanismo administrativo que tiene como objetivo el cobro de deudas tributarias mediante la ejecución del patrimonio del deudor. En este sentido, el artículo 69 del RGR (Real Decreto 939/2005, de 29 de julio por el que se aprueba el Reglamento General de Recaudación) recoge que, una vez iniciado el periodo ejecutivo, la recaudación se efectuará por el procedimiento de apremio, que se iniciará con la notificación de la providencia de apremio.

La providencia de apremio es el acto de la Administración que ordena la ejecución contra el patrimonio del obligado al pago (artículo 70 del Real Decreto 939/2005, de 29 de julio por el que se aprueba el Reglamento General de Recaudación).

CUESTIONES

1. ¿Puede acumularse el procedimiento de apremio con otros procedimientos judiciales?

No, el procedimiento administrativo de apremio no será acumulable a los judiciales ni a otros procedimientos de ejecución. Además, su iniciación o tramitación no se suspenderá por la iniciación de aquéllos, salvo cuando proceda de acuerdo con lo establecido en la Ley Orgánica 2/1987, de 18 de mayo, de Conflictos Jurisdiccionales, o en virtud de lo dispuesto en el artículo 164 de la LGT.

2. ¿Qué sucede cuando concurre el procedimiento de apremio con otros procedimientos de ejecución?

En estos la LGT dispone que, sin perjuicio del respeto al orden de prelación que para el cobro de los créditos viene establecido por la ley en atención a su naturaleza, en caso de concurrencia del procedimiento de apremio para la recaudación de los tributos con otros procedimientos de ejecución la preferencia para la ejecución deberá tener en cuenta las siguientes reglas:

- En caso de concurrencia con otros procedimientos singulares de ejecución, el procedimiento de apremio será preferente si el embargo efectuado en el curso del procedimiento de apremio es el más antiguo, atendiendo a la fecha de la diligencia de embargo.

- En caso de concurrencia con procedimientos concursales o universales de ejecución, el procedimiento de apremio será preferente si el embargo se hubiera efectuado con anterioridad a la fecha de declaración del concurso.

3.1. Iniciación del procedimiento de apremio: la providencia de apremio y la oposición a esta

‖ Iniciación y desarrollo del procedimiento de apremio

Como ya adelantamos, el procedimiento de apremio se inicia mediante providencia notificada al obligado tributario.

Esta **providencia** deberá contener:

- La identificación completa y domicilio del deudor.

- La identificación de la deuda: concepto, importe y periodo al que corresponde, indicando expresamente que no ha sido satisfecha una vez finalizado el plazo voluntario de ingreso.

- Indicación expresa del comienzo del devengo de los intereses de demora.

- Liquidación del recargo del periodo ejecutivo.

- Requerimiento para que se efectúe el pago, advirtiendo del embargo de bienes o ejecución de garantías con inclusión del 20 % y de los intereses de demora que se devenguen hasta la fecha de cancelación de la deuda, en caso de que no se efectúe el ingreso del importe total de la deuda pendiente en el plazo dispuesto en el artículo 62.5 de la LGT, incluido el recargo de apremio reducido del 10 %.

- Fecha de emisión.

En la **notificación de la providencia** se indicará también.

- El lugar de ingreso de la deuda y del recargo.
- La repercusión en costas del procedimiento.
- La posibilidad de solicitar aplazamiento y fraccionamiento de pago.
- Indicación de que la suspensión del procedimiento se producirá en los casos y condiciones previstos en la normativa vigente.
- Posibles recursos contra la providencia de apremio, especificando los órganos ante los que podrán interponerse y el plazo para realizarlos.

La providencia de apremio será **título suficiente** para iniciar el procedimiento de apremio y tendrá la misma fuerza ejecutiva que la sentencia judicial para proceder contra los bienes y derechos de los obligados tributarios.

Como iremos viendo a continuación, si el sujeto obligado no efectúa el pago en los plazos que se le señalan en la providencia de apremio, podrá procederse al embargo de sus bienes. Si la deuda estuviese garantizada, se procederá en primer lugar a ejecutar la garantía (salvo que por proporción con la deuda o por solicitud del interesado se considere preferible el embargo). Si la garantía resultase insuficiente para cubrir la deuda, el procedimiento de apremio continuará.

RESOLUCIÓN ADMINISTRATIVA

Consulta vinculante de la Dirección General de Tributos (V0166-21), de 3 de febrero de 2021

Asunto: No es necesaria nueva liquidación si se paga parcialmente la deuda entre la liquidación provisional y la providencia de apremio.

«De dichos preceptos se desprenden dos consecuencias en orden a responder a la consulta planteada:

- el obligado al pago tiene la facultad satisfacer parcialmente la deuda, tanto en el período voluntario como en el ejecutivo.

- la providencia de apremio recoge el importe de la deuda que no ha sido satisfecha o pagada, o que está pendiente.

Por tanto, si en el ínterin entre la notificación de la liquidación provisional y la emisión de la providencia de apremio el obligado al pago satisface parcialmente el importe de la liquidación, el importe de la deuda apremiada será indefectiblemente inferior al de la deuda liquidada.

Y todo ello sin necesidad de nueva liquidación, por cuanto ésta determina el importe de la deuda, de acuerdo con la normativa tributaria, a través del correspondiente procedimiento administrativo de aplicación de los tributos, mientras que la providencia de apremio se enmarca en el procedimiento de apremio como procedimiento administrativo de recaudación. Cada uno de ellos con un ámbito diferente, pues la liquidación determina el alcance normalmente de la obligación tributaria principal, mientras que la providencia inicia el procedimiento para obtener el pleno cumplimiento de la obligación liquidada tras haberse agotado el período voluntario para su pago por el obligado tributario».

|| Oposición a la providencia de apremio

El sujeto obligado tan solo podrá oponerse a la notificación del apremio por los siguientes motivos:

- Extinción o prescripción de la deuda: que la deuda ya esté pagada o haya prescrito el derecho a exigir su pago.

- Que el procedimiento de recaudación esté en suspenso (por haber solicitado un aplazamiento, fraccionamiento o compensación, por ejemplo, cuando fue notificada la deuda en periodo voluntario).

- Que la Administración no haya notificado la liquidación o que ésta se haya anulado.

- Que exista algún error u omisión en el contenido de la providencia de apremio que impida la identificación del deudor o de la deuda apremiada.

Esto quiere decir que, una vez que la deuda se halla en periodo ejecutivo de cobro, no es posible mostrar disconformidad con la misma salvo por lo motivos expuestos. Si ésta proviene de una liquidación practicada por la administración ya no podremos oponernos a ella, ni alegar ni presentar justificante alguno para anularla o rebajarla.

Conviene advertir aquí la interpretación que del alcance de esta oposición hace nuestra jurisprudencia: «*Ciertamente, iniciada la actividad de ejecución en virtud de título adecuado, no puedan trasladarse a dicha fase las cuestiones que se debieron solventar en la fase declarativa, por lo que el administrado no puede oponer frente a las correspondientes providencias de apremio motivos de nulidad afectantes a la propia liquidación practicada sino sólo los referentes al cumplimiento de las garantías inherentes al propio proceso de ejecución, practicada sino sólo los referentes al cumplimiento de las garantías inherentes al propio proceso de ejecución, que se traducen en los motivos tasados de oposición determinados en los artículos 137 -luego 138- de la Ley General Tributaria y 95.4 del Reglamento General de Recaudación*». (**Sentencia de la Audiencia Nacional, rec. 2246/2019, de 8 de febrero de 2022, ECLI:ES:AN:2022:2633**).

En este mismo sentido, añade la **sentencia del Tribunal Supremo, rec. 708/2013, de 11 de septiembre de 2014, ECLI:ES:TS:2014:3658**, que «*(...) si la liquidación se notificó en debida forma, las cuestiones contra la misma debieron plantearse en los recursos procedentes contra ella y no con ocasión de un recurso contra un ulterior apremio, pues éste recurso se limita a causas tasadas de oposición, entre las que no están los vicios que pudiesen afectar a la liquidación, y como ésta se notificó correctamente, según estimó la sentencia recurrida, no siguen abiertos los plazos para recurrir la liquidación, por lo que el recurso contra ésta es extemporáneo y no puede acumularse (ni ejercitarse acumuladamente) al recurso entablado contra el apremio*».

3.2. La suspensión del procedimiento de apremio

|| La suspensión del procedimiento de apremio

Los actos de gestión recaudatoria que se dicten en el procedimiento de apremio, en principio, son inmediatamente ejecutivos y no pierden su eficacia, aunque se interponga un recurso contra los mismos; sin embargo, el procedimiento de apremio podrá **suspenderse** por determinadas razones:

- Por interposición de un recurso o reclamación económico-administrativa. En estos casos la suspensión se tramitará y resolverá conforme a las normas que contiene la LGT en materia de revisión en vía administrativa.

- Si se demuestra que se han cometido errores materiales, aritméticos o de hecho en el cálculo de la deuda o que ésta ya ha sido ingresada, condonada, compensada, aplazada o suspendida o que ha prescrito el derecho a exigir su pago. Si la apreciación de estas circunstancias no fuese competencia del órgano de recaudación que haya recibido la solicitud de suspensión, podrá suspender las actuaciones y dar traslado al órgano competente, que deberá informar sobre las mismas.

- Cuando un tercero tiene un crédito contra el deudor que tuviera preferencia ante la Hacienda pública. El apartado tercero del artículo 165 de la LGT dispone que cuando un tercero pretenda el levantamiento del embargo por entender que le pertenece el dominio o titularidad de los bienes o derechos embargados o cuando considere que tiene derecho a ser reintegrado de su crédito con preferencia a la Hacienda Pública, formulará reclamación de tercería ante el órgano administrativo competente. En estos casos se diferenciarán:

  » Cuando se interponga una tercería de dominio: Se suspenderá el procedimiento de apremio con relación a los bienes y derechos controvertidos, una vez que se hayan adoptado las medidas de aseguramiento procedentes.

  » Cuando se interponga una tercería de mejor derecho: El procedimiento seguirá hasta la realización de los bienes y el producto obtenido se consignará en depósito a resultas de la resolución de la tercería.

- En los restantes supuestos previstos en la normativa tributaria.

> **A TENER EN CUENTA**. Cuando la suspensión se lleve a cabo en un procedimiento de apremio asociado al cobro de una liquidación vinculada a delito, se tramitará y resolverá conforme a lo dispuesto en los artículos 255, 256 y 258.3 de la LGT.

RESOLUCIÓN ADMINISTRATIVA

Resolución del TEAC 6635/2023, de 15 de octubre de 2024

Asunto: Imposibilidad de dictar diligencia de embargo cuando no se haya notificado la resolución del recurso al interesado.

«La Administración no puede dictar la diligencia de embargo mientras no de cumplimiento a su deber de resolver expresamente, en tiempo y forma, el recurso de reposición interpuesto contra la providencia de apremio, deber que no se agota con el mero dictado del acto administrativo de resolución del recurso de reposición, sino que exige la notificación al interesado. Este deber, en los casos en que, ex artículo 214.3 LGT, es de aplicación lo dispuesto en el artículo 104.2 LGT, se entiende cumplido con la realización de un intento de notificación o la puesta a disposición de la notificación por medios electrónicos de la resolución del recurso de reposición en los términos del citado artículo 104.2 LGT, y ello con independencia de que en estos casos la notificación de ambos actos administrativos - resolución del recurso de reposición y diligencia de embargo- pueda llegar a ser simultánea».

3.3. La ejecución de garantías

|| La ejecución de garantías en el procedimiento de apremio

Si la deuda estuviere garantizada (mediante aval, prenda, hipoteca, o cualquier otra garantía) el apremio recaerá sobre los bienes sujetos a la garantía. Pero si la realización del bien (por ejemplo, hipotecado o pignorado) resulta desproporcionada a la entidad de la deuda, o el obligado lo solicita, puede trabarse embargo y enajenación sobre otros bienes si garantizan suficientemente su cobro.

Tal y como reconoce el Tribunal Supremo en su **STS n.º 1317/2021, de 8 de noviembre, ECLI:ES:TS:2021:4106**: «*La propia Ley General Tributaria se refiere en su artículo 168 a las deudas tributarias que se encuentren garantizadas, en cuyo caso, el impago de las mismas determinará la inmediata ejecución de las garantías. En idénticos términos se expresa el artículo 74.1 del Reglamento General de Recaudación*».

El artículo 74 del RGR diferencia varios supuestos en función del tipo de garantía prestada:

- Cuando la garantía consista en **aval, fianza, certificado de seguro de caución u otra garantía personal**, se requerirá al garante el ingreso de la deuda, incluidos los recargos e intereses que, en su caso, correspondan hasta el límite del importe garantizado, en el plazo establecido en el artículo 62.5 de la Ley 58/2003, de 17 de diciembre, General Tributaria. Si no realizase dicho ingreso, se procederá contra sus bienes en virtud de la providencia de apremio dictada en relación con el obligado al pago sin que se requiera para ello una nueva notificación.

- Cuando la garantía consista en **hipoteca, prenda u otra de carácter real constituida por o sobre bienes o derechos** del obligado al pago susceptibles de enajenación forzosa, se procederá a enajenarlos por el procedimiento establecido en el RGR para la enajenación de bienes embargados de naturaleza igual o similar.

- Cuando la garantía se constituya por o sobre **bienes o derechos de persona o entidad distinta del obligado al pago**, se comunicará a dicha persona o entidad el impago del importe garantizado, requiriéndole para que, en el plazo establecido en el apartado 5 del artículo 62 de la LGT, ponga dichos bienes o derechos a disposición del órgano de recaudación competente, salvo que pague la cuantía debida. Transcurrido dicho plazo sin que se haya producido el pago o la entrega de los bienes o derechos se procederá a enajenarlos de acuerdo con lo dispuesto en el punto anterior.

- Cuando la garantía consista en **depósito en efectivo**, se requerirá al depositario el ingreso de la deuda, incluidos los recargos e intereses que, en su caso, correspondan hasta el límite del depósito constituido, en el plazo establecido en el apartado 5 del artículo 62 de la LGT, advirtiéndole que en caso de incumplimiento se procederá al embargo de sus bienes y derechos sin más trámite conforme a la misma providencia de apremio dictada en relación con el obligado al pago sin necesidad de nueva notificación de aquella. En el caso de que el depositario sea la propia Administración, se aplicará el depósito a cancelar dichas cantidades.

El procedimiento de apremio podrá continuar cuando la garantía resulte manifiestamente insuficiente, jurídica o económicamente, desde la fecha de su constitución, sin necesidad de esperar a su ejecución, mediante acuerdo motivado que se hará constar en el expediente.

CUESTIÓN

Cuando se ejecute una hipoteca u otro derecho real constituido en garantía, ¿debe comunicarse al Registro de la Propiedad?

Sí, y así se recoge expresamente en el apartado 6 del artículo 74 del RGR, que dispone que, si se inicia la ejecución administrativa, el órgano de recaudación competente deberá comunicar la orden de ejecución al registrador de la propiedad mediante mandamiento por duplicado para que libre y remita la correspondiente certificación de dominio y cargas, con el contenido y efectos establecidos en el artículo 688 de la LEC. El órgano de recaudación competente también notificará el inicio del procedimiento de ejecución a la persona a cuyo favor resulte practicada la última inscripción de dominio si no ha sido requerida para el pago y a los titulares de cargas o derechos reales constituidos con posterioridad a la hipoteca que aparezcan en la certificación. En su caso, el tipo para la subasta o concurso podrá fijarse de acuerdo con las reglas del artículo 97 y con independencia del valor en que se haya tasado el bien al tiempo de constituir la hipoteca.

RESOLUCIÓN RELEVANTE

Sentencia del Tribunal Supremo n.º 813/2019, de 12 de junio, ECLI:ES:TS:2019:1897

Asunto: Cabe ejecutar la garantía sin necesidad de firmeza de la deuda tributaria.

«*Conforme a lo expresado, la controversia se reduce a determinar si para ejecutar la garantía es necesaria la firmeza de la deuda tributaria, exigencia que la Ley General Tributaria únicamente contempla explícitamente para proceder a la enajenación de los bienes y derechos embargados en el curso del procedimiento de apremio (artículo 172.3 LGT), salvo los supuestos exceptuados por el propio precepto (fuerza mayor, bienes perecederos, bienes en los que exista un riesgo de pérdida inminente de valor o cuando el obligado tributario solicite de forma expresa su enajenación).*

Resulta acertada la argumentación del Abogado del Estado, relativa a que la prohibición de enajenar bienes embargados -pendiente de resolver un recurso sobre la deuda que se reclama- se dirige a evitar la privación unilateral y forzosa de los bienes embargados, frente al escenario procedimental diferente en el que se sitúa la prestación de una garantía, como manifestación de la voluntad del propio garante y cuya ejecución resulta previa al procedimiento de embargo.

Su afirmación relativa a que la garantía se constituye como un elemento sustitutivo del pago, de modo que si éste no queda condicionado por la firmeza de la deuda tributaria tampoco debería someterse la ejecución de la garantía a dicho requisito de firmeza, debe enfocarse a la vista del artículo 168 LGT, en cuya virtud -a salvo de los supuestos que el propio precepto establece- no hecha efectiva en el plazo del artículo 62.5 LGT la deuda tributaria garantizada en periodo ejecutivo, se procederá 'en primer lugar a ejecutar la garantía a través del procedimiento administrativo de apremio'.

*Por lo tanto, **el último párrafo del apartado 1 del artículo 74 RGR no contradice la Ley General Tributaria, por la circunstancia de introducir, expresamente, una previsión que, en realidad, parece deducirse de la mecánica de la ejecución de la deuda tributaria, esto es, que para la ejecución de garantías no sea necesaria la firmeza de la deuda garantizada**.*

Por el contrario, de mantenerse la tesis de la asociación recurrente, podría llegarse a una situación contraria a la propia dinámica de la ejecución de las deudas tributarias y de los efectos que -sobre dicha ejecución-, proyectan las medidas cautelares de suspensión y, así, por ejemplo, acordada la suspensión de la ejecución del acto recurrido en reposición (al haber aportado las garantías a las que se refiere el artículo 224.2 LGT), sería suficiente para evitar la ejecución de la garantía -y, por ende, para ejecutar la deuda tributaria-, con que el contribuyente recurriese, en su caso, en vía económico-administrativa sin necesidad de solicitar ni siquiera la extensión de los efectos de la suspensión previa a la vía contencioso-administrativa.

Incluso, el referido dictamen del Consejo de Estado precisa 'que cuando se alude a la ejecución de garantías en el marco de un procedimiento de apremio, no se está haciendo referencia a la existencia de una deuda tributaria garantizada para suspender la ejecución como consecuencia de la interposición del correspondiente recurso administrativo o contencioso-administrativo (en cuyo caso lo procedente es que no llegue a iniciarse la vía de apremio mientras se encuentre en vigor la garantía aportada), sino a otros supuestos contemplados en la norma legal que requieren la prestación de garantía, como, por ejemplo, el de las deudas tributarias respecto de las cuales se hubiese aplazado o fraccionado el pago (artículos 65 y 82 de la Ley General Tributaria).'

Por lo demás, la circunstancia de que la Administración pueda sustituir la garantía por el embargo -en cuyo caso resultaría aplicable el artículo 172.3 LGT -, no obsta a la conclusión anterior, ante la evidencia de la voluntad del legislador de tratar los dos supuestos -ejecución de garantías y enajenación de bienes embargados- de forma diferenciada».

RESOLUCIÓN ADMINISTRATIVA

Resolución del TEAC n.º 1156/2022, de 20 de enero de 2025

Asunto: Inaplicación del artículo 671 de la LEC cuando la subasta ha quedado desierta.

«La regulación del procedimiento de administrativo de apremio se regirá por la normativa tributaria, principalmente, por la LGT y el RGR, y supletoriamente por la LPA, y a falta de ambas por la legislación común, entre la que se halla la Ley de Enjuiciamiento Civil (LEC), salvo en aquellos casos que la propia normativa tributaria se remita a lo señalado en la LEC. Por ello, no es de aplicación lo previsto en el ar-

> *tículo 671 de la LEC, al estar regulado en el artículo 112 del RGR la posibilidad de nuevos procedimientos de enajenación cuando, finalizados los procedimientos de enajenación, y en su caso, adjudicación a la Hacienda Pública, quedaran derechos, bienes muebles o inmuebles sin adjudicar, siempre que no se haya producido la prescripción de la acción de cobro de las deudas respecto a las cuales se desarrollan dichos procedimientos. Criterio reiterado por resolución TEAC de 18.02.2025 (RG 1856/2022)».*

Por su parte, el apartado segundo del artículo 61 del RGR también afirma que una vez que se hayan declarado fallidos los deudores principales y los responsables solidarios, la acción de cobro se dirigirá frente al responsable subsidiario.

Por tanto, cabe afirmar que «(...) *la declaración de fallido es un presupuesto insoslayable para la declaración de responsabilidad del responsable subsidiario*» (STS n.º 1746/2022, de 22 de diciembre, ECLI:ES:TS:2022:4927).

CUESTIÓN

Cuándo se declara la condición de fallido del deudor principal por una Administración Pública, ¿puede considerarse dicha declaración suficiente para derivar la responsabilidad por otra Administración?

Sí, y así se deduce de la **STS n.º 147/2022, de 7 de febrero, ECLI:ES:TS:2022:492**, en la que el Alto Tribunal dice que: «La condición de fallido del deudor principal, declarada por una determinada Administración Pública, habilita a otra Administración Pública distinta para derivar la responsabilidad tributaria contra los responsables subsidiarios sin necesidad de proceder a una nueva declaración de fallido contra el mismo obligado tributario».

JURISPRUDENCIA

Sentencia del Tribunal Supremo n.º 680/2024, de 22 de abril, ECLI:ES:TS:2024:2438

Asunto: No exigencia de agotar todas las posibilidades de declaración de responsabilidad solidaria.

«La respuesta a dicha cuestión, conforme a lo que hemos razonado, debe ser que la declaración de responsabilidad subsidiaria no exige agotar previamente todas las posibilidades de declaración de responsabilidad solidaria, de tal forma que si la Administración, analizada la realidad que determina el nacimiento de la obligación tributaria y los indicios que pudieran existir sobre la existencia de posibles responsables solidarios, llega a la conclusión de que no procede declarar ninguna responsabilidad solidaria, puede, sin necesidad de exteriorizar el fundamento de su decisión, declarar sin más trámites la responsabilidad subsidiaria que aprecie».

Sentencia del Tribunal Supremo n.º 1416/2025, de 5 de noviembre, ECLI:ES:TS:2025:5016

Asunto: Obligación de la Administración de indagar cuando consten indicios de la existencia de responsables solidarios.

«Se matiza la doctrina jurisprudencial de esta Sala, en el sentido de que, cuando la persona física o jurídica a quien la Administración tributaria pretende iniciar, o le haya iniciado, un expediente de declaración de responsabilidad subsidiaria, presenta datos que identifiquen a una persona, física o jurídica, como posible responsable solidaria, indicando la relación o vínculo de esa persona con el deudor principal, y

estos datos se pueden considerar indicios claros que permitan fundar razonablemente la existencia de esos posibles responsables solidarios, la Administración tributaria está obligada a indagar y comprobar la realidad de tales indicios de forma previa a la declaración de responsabilidad subsidiaria; y cuando considere que no concurren, debe exteriorizar el fundamento de su decisión».

3.4. El embargo

Práctica del embargo de bienes y derechos en el procedimiento de apremio tributario

El artículo 169 de la LGT regula el embargo de bienes y derechos como pieza central de la ejecución forzosa de las deudas tributarias cuando el obligado no atiende el pago en período voluntario.

Su función es doble:

- Por un lado, determina el alcance económico del embargo (qué cuantía debe cubrir).
- Y, por otro, establece el orden y criterios de selección de bienes embargables, así como ciertas prohibiciones y límites.

Partiendo siempre del **principio de proporcionalidad**, el artículo 169 de la LGT establece que se procederá al embargo de los bienes y derechos del obligado tributario en cuantía suficiente para cubrir los siguientes importes:

- El importe de la deuda no ingresada.
- Los intereses que se hayan devengado o se devenguen hasta la fecha del ingreso en el Tesoro.
- Los recargos del período ejecutivo.
- Las costas del procedimiento de apremio.

Este planteamiento configura el embargo como garantía de satisfacción íntegra del crédito público, pero al mismo tiempo obliga a la Administración a calibrar su extensión para no sobrepasar lo estrictamente necesario.

Cuando se trate de trabar embargo sobre bienes, la ley establece doble criterio a la hora de seleccionar los bienes embargables:

- **Criterio general: facilidad de la ejecución y la menor onerosidad de ésta para el ejecutado**. Cuando sea posible aplicar este criterio la Administración deberá elegir los bienes atendiendo a la mayor facilidad de realización, es decir, será preferente el embargo sobre los activos fácilmente vendibles o convertibles en dinero, y a la menor onerosidad para el obligado, evitando, en la medida de lo posible, embargos que produzcan una afectación desproporcionada a su actividad económica o a su patrimonio.

- **Criterio supletorio: orden tasado.** Cuando resulte de imposible o muy difícil aplicación el criterio general, el precepto manda seguir un orden tasado, de carácter supletorio, en función de la naturaleza de los bienes:

  » Dinero efectivo o en cuentas abiertas en entidades de crédito. Sus especialidades se regulan en los artículos 78 y 79 del RGR.

  » Créditos, efectos, valores y derechos realizables en el acto o a corto plazo. Regulado en los artículos 80 y 81 del RGR.

  » Sueldos, salarios y pensiones. Regulado en el artículo 82 del RGR.

  » Bienes inmuebles. Su regulación se encuentra en el artículo 83 del RGR. A mayores, también los artículos 84, 85, 86, 87, 88 y 88 bis del RGR contienen especialidades relacionadas con la anotación preventiva del embargo en el Registro de la Propiedad.

  » Intereses, rentas y frutos de toda especie. Se desarrolla en el artículo 89 del RGR.

  » Establecimientos mercantiles o industriales. Regulado en el artículo 90 del RGR.

  » Metales preciosos, piedras finas, joyería, orfebrería y antigüedades. Este supuesto se regula en el artículo 91 del RGR.

  » Bienes muebles y semovientes. Su regulación se contiene en el artículo 92 del RGR.

  » Créditos, efectos, valores y derechos realizables a largo plazo. El artículo 93 del RGR es el encargado de señalar las especialidades en este caso.

Este orden refleja una lógica de menor a mayor grado de afectación estructural del patrimonio y de la actividad económica: primero se acude a la liquidez inmediata, después a otros activos de más difícil realización o que pueden comprometer la continuidad de la empresa o el patrimonio del obligado.

La LGT también ofrece unas pautas que señalan **como se deben de realizar los embargos**, pudiendo deducirse que el órgano de recaudación:

- Debe ir embargando **sucesivamente** bienes o derechos conocidos hasta presumir cubierta la deuda y accesorios.

- Ha de **respetar, dentro de lo posible, el orden legal y los criterios de facilidad de venta y menor perjuicio**.

- Debe **evitar embargar más bienes de los necesarios** para satisfacer el crédito.

Se establece, además, un límite importante: los bienes para cuya traba sea necesaria la entrada en el **domicilio constitucionalmente protegido** del obligado deben embargarse en último lugar. Esta previsión protege el derecho fundamental a la inviolabilidad del domicilio, articulándolo como un criterio de última ratio dentro del propio art. 169.

Como punto destacable en los embargos hay que mencionar la **posibilidad del obligado de alterar el orden de embargo**. Es decir, se reconoce a favor del deudor el derecho de alterar el orden de embargo cuando:

- Señale bienes concretos.
- Estos garanticen el cobro con la misma eficacia y prontitud que los bienes preferentes.
- No se perjudique a terceros.

Este mecanismo dota de cierta flexibilidad al sistema, reforzando la tutela del contribuyente, pero no vincula de modo absoluto a la Administración, que debe valorar la suficiencia y eficacia de los bienes ofrecidos.

Existen dos limitaciones adicionales al embargo de bienes, que consisten en:

- Los bienes y derechos declarados inembargables por las leyes (artículo 169.5 de la LGT en relación con los artículos 605 y 606 de la LEC) so pena de nulidad (artículo 609 de la LEC).
- Aquellos otros respecto de los que se presuma que el coste de su realización pudiera exceder del importe que normalmente podría obtenerse en su enajenación.

En las normas sobre embargos recogidas en el Reglamento General de Recaudación se señala que una vez ha transcurrido el plazo del apartado 5 del artículo 62 de la LGT sin que se hubiese procedido al pago, se procederá, en cumplimiento del mandato contenido en la providencia de apremio, al embargo de los bienes y derechos que procedan, siempre que no se hubiese pagado la deuda por la ejecución de garantías o fuese previsible de forma motivada que de dicha ejecución no resultará líquido suficiente para cubrir la deuda.

Cada actuación de embargo deberá documentarse en una diligencia de embargo, teniendo en cuenta que las deudas de un mismo obligado podrán ser acumuladas en una diligencia de embargo.

‖ ¿Cómo se lleva a cabo la práctica de los embargos?

El artículo 76 del Reglamento General de Recaudación regula, dentro del procedimiento de apremio, cómo se ejecutan materialmente los embargos acordados por la Administración tributaria.

Esta norma establece que, en el caso de embargos sobre bienes situados en locales de terceros, es decir, cuando los bienes embargables no están en poder directo del deudor, sino en locales de personas o entidades distintas (por ejemplo, almacenes, depósitos, establecimientos de terceros, etc.), la actuación recaudatoria sigue estas pautas:

- Personación en el lugar: Los órganos de recaudación se personan físicamente en los locales de la persona o entidad donde se encuentran los bienes. Allí se ordena al depositario o al personal que dependa de él que entregue los bienes concretos que se embargan.

- Medidas en caso de negativa o imposibilidad de entrega inmediata: Si el tercero se niega a entregar los bienes o no es posible hacerlo de inmediato (por razones materiales, logísticas, etc.), la Administración puede:
  - » Precintar los bienes.
  - » Adoptar otras medidas de aseguramiento que impidan su sustracción, sustitución o levantamiento.

  Estas actuaciones deben reflejarse de forma expresa en la correspondiente diligencia.

- Auxilio de la autoridad y entrada en fincas o locales: Cuando resulte necesario acceder a los bienes para identificarlos o ejecutarlos, se puede solicitar el apoyo de la autoridad competente.

Estas actuaciones se desarrollan con arreglo a las reglas generales sobre entrada en fincas y locales y adopción de medidas de aseguramiento previstas en la Ley General Tributaria, que atribuye amplias facultades a los órganos de recaudación, pero condicionadas a garantías y requisitos concretos.

El RGR también prevé que, durante el desarrollo del procedimiento, la Administración valore continuamente si los bienes trabados son suficientes para cubrir tanto el principal de la deuda como los recargos, intereses y costas. En este sentido regula dos aspectos:

- La falta de suficiencia en fase de traba o de ejecución. Si en el momento de la traba, o más adelante, al preparar la enajenación, se aprecia que con esos bienes no se obtendrá un producto suficiente para saldar la deuda, se ordenará el embargo de otros bienes o derechos del obligado al pago.

- La orden de realización de bienes cuando aparecen otros de rango preferente. Es posible que, a medida que se obtiene nueva información, se embarguen bienes que, por su naturaleza, se sitúan antes en el orden legal de embargo que otros ya trabados, pero aún no realizados. En este supuesto, el RGR establece que deben realizarse antes los bienes de rango preferente recientemente embargados, respetando el orden legal de traba, aunque hubieran sido intervenidos con posterioridad en el tiempo.

Con relación a la **notificación de la diligencia de embargo**, el RGR señala que, una vez practicado el embargo, la diligencia debe notificarse a distintos sujetos, según los casos:

- **Obligado al pago**: siempre se notifica al deudor, de forma que conozca qué bienes o derechos han sido objeto de traba, el importe que se pretende cubrir y las consecuencias jurídicas del embargo.

- **Tercero titular, poseedor o depositario**: si el embargo se ha practicado respecto de bienes que figuran en poder de una persona distinta del deudor (titular, poseedor o depositario), y sobre la que no se realizó la actuación inicial, la Administración le notificará igualmente la diligencia, para que tenga conocimiento formal de la obligación de conservar y poner a disposición los bienes embargados.

- **Cónyuge del obligado al pago y condueños o cotitulares**: cuando los bienes sean gananciales o se trate de la vivienda habitual, el embargo debe notificarse también al cónyuge del deudor. Si los bienes pertenecen en proindiviso a varias personas (condueños o cotitulares), se notifica a estos, quedando claro que la traba solo alcanza a la cuota de participación del obligado, sin afectar a la titularidad de los demás.

- **Titulares de cargas posteriores en bienes inscritos**: Cuando los bienes o derechos estén inscritos en un registro público (por ejemplo, Registro de la Propiedad) y se haya practicado anotación de embargo, la diligencia también se comunica a los titulares de cargas posteriores a la anotación y anteriores a la nota marginal de expedición de la certificación de cargas.

Con ello se garantiza que todos los acreedores posteriores conozcan la existencia del embargo y la prelación del crédito público.

‖ ¿Cuándo puede levantarse el embargo?

Si, una vez trabado el bien, la Administración comprueba que se dan las circunstancias que la LGT establece para considerar inadecuado el embargo (por ejemplo, inembargabilidad de determinados bienes mínimos, carácter claramente desproporcionado del embargo o vulneración del orden legal de traba), debe procederse a levantarlo.

El levantamiento debe hacerse constar en el expediente.

Se adoptan las decisiones correspondientes respecto al bien liberado (por ejemplo, devolución al deudor o reconocimiento de que no queda afecto al procedimiento).

> **CUESTIÓN**
>
> **¿Está obligada una empresa que recibe una notificación de embargo del salario de uno de sus empleados a seguir aplicando el embargo (reteniendo cantidades y poniéndolas a disposición del organismo correspondiente) cuando el proveedor o empleado embargado presenta un justificante de estar al corriente de sus obligaciones, pero la empresa aún no ha recibido notificación oficial del levantamiento del embargo?**
>
> La respuesta a esta cuestión la podemos encontrar en la **consulta vinculante de la Dirección General de Tributos (V1239-25), de 4 de julio de 2025**, en la que se afirma que en estos casos la empresa:
>
> *«(...) deberá continuar con el embargo de las cantidades que se le indican en la respectiva diligencia de embargo hasta el límite de la cantidad adeudada, o bien hasta el momento en el que el órgano de recaudación competente notifique al pagador la finalización de las retenciones.*
>
> *De conformidad con el apartado 5 del artículo 76 RGR, el embargo deberá ejecutarse en sus estrictos términos, sin perjuicio de que el obligado al pago pueda interponer recurso o reclamación económico-administrativa si considera que se incurre en alguna de las causas del artículo 170.3 de la Ley 58/2003, de 17 de diciembre, General Tributaria. Por último, lo dispuesto anteriormente se entiende sin perjuicio de que el obligado tributario receptor de la diligencia de embargo pueda solicitar de la Administración tributaria embargante la información que considere oportuna*

*para el mejor cumplimiento del embargo, como consecuencia de su deber del co-
laboración con la Administración tributaria embargante establecido en el artículo
162 de la LGT y de su derecho a la obtención de información y asistencia tributaria
reconocido en el artículo 86 de la LGT».*

|| La impugnación del embargo por el obligado

El RGR indica que el embargo se ejecuta conforme a sus propios términos,
sin suspenderse de forma automática por el mero desacuerdo del deudor.

No obstante, el obligado al pago puede impugnar la diligencia de embargo
cuando considere, entre otros supuestos previstos en la Ley General Tributaria, que:

- Se han embargado bienes que legalmente no podían serlo.
- Se ha vulnerado el orden de embargo.
- La traba es claramente excesiva respecto del importe perseguido.

Para ello podrá interponer los recursos o reclamaciones procedentes (reposición y/o reclamación económica-administrativa) contra el acto recaudatorio.

CUESTIÓN

¿Qué ocurre cuando se constata la inexistencia de bienes embargables?

Cuando, tras las averiguaciones ordinarias y las actuaciones de embargo, no se
encuentren bienes o derechos embargables cuyo valor permita satisfacer la deuda,
esta circunstancia se hace constar expresamente en el expediente. Esta constatación puede ser un paso previo a:

- La declaración de fallido del deudor, cuando se verifica la ausencia de bienes
embargables o su insuficiencia absoluta.
- La posterior declaración de crédito incobrable, en los términos regulados en
el propio Reglamento General de Recaudación.

El embargo puede ser mejorado, reducido o modificado en las condiciones
establecidas en el artículo 612 de la LEC, de aplicación supletoria. Y conforme
al artículo 172.4 de la LGT, en cualquier momento (antes de adjudicación de
bienes) la Administración tributaria liberará los bienes embargados si el obligado extingue la deuda tributaria y las costas del procedimiento de apremio.

Cuando se promueva **tercería de mejor derecho**, esto es, cuando un tercero considere que tiene derecho a ser reintegrado de su crédito con preferencia a la Hacienda Pública, proseguirá el procedimiento hasta la realización de
los bienes y el producto obtenido se consignará en depósito a resultas de la
resolución de la tercería.

La ley contempla la posible medida de administración de la empresa, esto es,
la sustitución de los administradores, o la más limitada de la intervención, para
aquellos casos en los que se ordene el **embargo de establecimiento mercantil
o industrial** o, en general, de los bienes y derechos integrantes de una empresa, si se aprecia que la continuidad de las personas que ejercen la dirección de
la actividad pudiera perjudicar la solvencia del obligado tributario. Asimismo,
la Administración tributaria podrá acordar la prohibición de disponer sobre

los bienes inmuebles de una sociedad, sin necesidad de que el procedimiento recaudatorio se dirija contra ella, cuando se hubieran embargado al obligado tributario acciones o participaciones de aquella y este ejerza el control efectivo, total o en los términos previstos en el artículo 42 del Código de Comercio y aunque no estuviere obligado a formular cuentas consolidadas.

Si los bienes embargados fueran **inscribibles en un registro público**, la Administración tributaria tendrá derecho a que se practique anotación preventiva de embargo en el registro correspondiente. Esta anotación puede concurrir con otras anotaciones hechas sobre el mismo bien por otros acreedores. Conforme al artículo 77 de la LGT, se reconoce a la Hacienda pública el derecho a cobrar su crédito con cargo al patrimonio del deudor con preferencia a otros acreedores que concurran a la ejecución. Ahora bien, sin perjuicio de lo dispuesto en el artículo 78 de la LGT (hipoteca legal tácita en créditos tributarios sobre inmuebles) y en el artículo 79 de la LGT (afección de bienes al pago de determinados tributos), si existen anotaciones de embargo por acreedores que lo sean de dominio o de derecho real inscrito, el embargo de la Hacienda pública cede frente a aquellos cuando sea posterior. Si existen anotaciones de embargo por acreedores que no lo sean de dominio o de derecho real inscrito, el embargo de la Hacienda pública prevalecerá cuando sea anterior, y aun cuando sea posterior, pero en este caso la Hacienda Pública debe promover tercería de mejor derecho. Por último, en el caso de insolvencia del deudor, la preferencia del cobro se somete a las reglas del concurso, considerándose por la Ley Concursal, que el crédito tributario goza de privilegio general, y especial en determinados casos.

> **CUESTIÓN**
>
> **¿Cuándo se entiende que estamos ante créditos o valores realizables a corto plazo?**
>
> El artículo 169 de la LGT define la frontera entre créditos o valores realizables a corto o a largo plazo en términos de:
>
> - Capacidad de realización en un horizonte temporal máximo de seis meses (a corto plazo), es decir, cuando en circunstancias normales, y a juicio del órgano de recaudación, pueda ser realizado en un plazo inferior a 6 meses.
> - Los demás se consideran de largo plazo.
> - Este criterio sirve para ubicar un crédito o derecho en el escalón correspondiente del orden de embargo, reforzando la preferencia por activos de rápida conversión en efectivo que permiten una ejecución más ágil y menos costosa.

Aspectos destacados del depósito, enajenación y adjudicación de los bienes embargados

El bloque normativo que se encuentra en los artículos 97 a 115 del RGR articula el tramo nuclear de la ejecución forzosa tributaria: cómo se valoran y ordenan los bienes embargados, cómo se enajenan (subasta electrónica, concurso y adjudicación directa), en qué supuestos pasan a ser propiedad de la Hacienda Pública y cómo se calculan y repercuten las costas, garantizando a la vez la efectividad del crédito público y ciertas garantías para el obligado y terceros interesados.

Valoración de los bienes embargados y fijación del tipo de subasta (art. 97 del RGR)

Los órganos de recaudación valoran los bienes embargados según su valor de mercado y criterios habituales de tasación. Si se requieren conocimientos técnicos específicos, pueden recurrir a servicios técnicos de la Administración o a peritos externos.

La valoración se notifica al deudor, que puede aportar una valoración contradictoria de perito propio en el plazo de 15 días desde la notificación. Si las dos valoraciones no difieren en más del 20 % de la menor, se toma como valor la mayor de ambas. Y en el caso de que la diferencia supere ese 20 %, y tras convocar al obligado para dirimir las diferencias de valoración no se lograse llegar a un acuerdo, se designa un tercer perito, cuya valoración, situada entre las dos anteriores, es la definitiva.

El **tipo de la subasta** se fija:

- Por el valor completo cuando no hay cargas anteriores.
- Por la diferencia entre el valor del bien y el valor actualizado de las cargas anteriores cuando estas existen y no superan la tasación.
- Cuando las cargas superan la valoración, el tipo se fija en función del importe del débito y costas en tanto no supere el valor fijado al bien, manteniéndose las cargas anteriores subsistentes.
- Cuando se trate de bienes que, habiendo sido objeto de un procedimiento de enajenación, hayan quedado sin adjudicar, el tipo para la subasta será el regulado en el apartado 7 del artículo 97 del RGR.

Títulos de propiedad y efectos registrales

Con relación a los títulos el artículo 98 del RGR señala que si el deudor no aporta los títulos cuando se notifica el embargo, se le vuelve a requerir al fijar el tipo de subasta con un plazo 3 o 15 días en virtud de si reside en la propia localidad o fuera de esta.

A TENER EN CUENTA. Los bienes trabados podrán ser distribuidos en lotes, integrando en cada uno de estos los que sean de análoga naturaleza, según sus características y el aprovechamiento o servicio de que sean susceptibles. También podrán formarse lotes, aunque no se trate de bienes de naturaleza análoga, cuando se estime conveniente a fin de obtener mayores facilidades para la concurrencia de licitadores.

Por otra parte, el artículo 110 del RGR regula la inscripción y cancelación de cargas tras adjudicación a la Hacienda Pública, y señala que la adjudicación de bienes a la Hacienda Pública se inscribe en el Registro de la Propiedad mediante certificación del órgano de recaudación. En virtud de mandamiento, se cancelarán las cargas posteriores a favor del crédito ejecutado.

El RGR también contiene la regulación relativa a la escritura pública de venta y cancelación de cargas tras la adjudicación a un tercero, y establece que el adjudicatario puede optar por escritura pública, previo ingreso adicional de un porcentaje del 5 % del remate. El procedimiento para llevar a cabo esta escritura se encuentra en el artículo 111 del RGR.

|| Adjudicación de bienes a la Hacienda Pública

Cuando no se han adjudicado ciertos bienes tras subasta, concurso o adjudicación directa, la Administración puede adjudicárselos en pago de la deuda no cubierta. El RGR también prevé un tratamiento específico para bienes que forman parte del Patrimonio Histórico Español, pudiendo prescindirse de la enajenación y pasar directamente a la adjudicación.

En el caso de bienes inmuebles si no tienen cargas o estas son inferiores al valor fijado, se puede acordar la adjudicación, salvo que se aprecie falta de utilidad para la Hacienda. En el caso de que las cargas sean superiores al valor de adjudicación, se consulta a la Dirección General del Patrimonio del Estado sobre la conveniencia de la operación y sin respuesta afirmativa no se adjudica. La resolución de adjudicación puede reducir el importe de los créditos con hipoteca legal tácita en favor de la Hacienda, afectando a determinados acreedores, con notificación e inscripción de la reducción.

En el caso de bienes muebles podrá acordarse la adjudicación de muebles que se consideren útiles para la Administración o sus entes públicos, previa consulta, en su caso, al órgano que los vaya a emplear.

|| Levantamiento del embargo y aplicación de las cantidades obtenidas

Una vez cubiertos íntegramente deuda, intereses y costas, se levanta el embargo de los bienes no enajenados y se devuelven al deudor.

Las cantidades obtenidas se aplicarán teniendo en cuenta dos opciones:

- Si el producto de la ejecución es suficiente: el procedimiento se declara ultimado.
- Si es insuficiente:
  - » Primero se aplica a costas, luego a las deudas siguiendo reglas de preferencia y antigüedad.
  - » Por la parte no satisfecha se sigue el régimen de créditos incobrables (baja por insolvencia, etc.)

3.5. Recargos e intereses

Recargos e intereses del período ejecutivo en el procedimiento de apremio tributario

Los **recargos del periodo ejecutivo** se aplican sobre la totalidad de la deuda y son de tres tipos:

- **Recargo ejecutivo**: 5 % de la deuda. Se aplica una vez finalizado el periodo voluntario si se paga antes de recibir la notificación de la providencia de apremio.

- **Recargo de apremio reducido**: 10 % de la deuda. Se aplica cuando, una vez recibida la notificación del apremio, se pague la deuda dentro de los plazos que se indican en dicha notificación.

- **Recargo de apremio ordinario**: 20 % de la deuda. Se aplica cuando se paga la deuda notificada en apremio una vez vencidos los plazos que en ella figuran. Las deudas que se paguen con el recargo de apremio ordinario llevarán, además, intereses de demora que se devenguen desde el inicio del periodo ejecutivo.

Los **intereses de demora del periodo ejecutivo** se devengan desde el inicio del periodo hasta la fecha de ingreso de la deuda. La base sobre la que se aplican no incluye el recargo de apremio. El tipo de interés se aplicará según lo establecido en la normativa tributaria o presupuestaria, según se trate de deudas y sanciones tributarias o de deudas no tributarias.

En palabras del Tribunal Supremo en su **STS n.º 1218/2025, de 1 de octubre, ECLI:ES:TS:2025:4282**, el interés de demora se configura como una prestación accesoria que tiene naturaleza compensatoria y no sancionadora:

> **«El interés de demora se configura como una prestación accesoria** que se exigirá a los obligados tributarios como consecuencia, entre otras causas, de las reguladas en el apartado 2 del artículo 26 de la LGT, entre las que se encuentran cuando se suspenda la ejecución del acto, salvo en el supuesto de recursos y reclamaciones contra sanciones durante el tiempo que transcurra hasta la finalización del plazo de pago en período voluntario abierto por la notificación de la resolución que ponga fin a la vía administrativa (intereses suspensivos), y cuando se inicie el período ejecutivo, salvo lo dispuesto en el apartado 5 del artículo 28 de esta ley respecto a los intereses de demora cuando sea exigible el recargo ejecutivo o el recargo de apremio reducido (intereses del periodo ejecutivo), participando ambos de la misma naturaleza indemnizatoria.
>
> En efecto, de conformidad con lo dispuesto en el artículo 25.1 LGT, tienen la naturaleza de obligaciones tributarias accesorias las obligaciones de satisfacer el interés de demora, los recargos por declaración extemporánea y los recargos del período ejecutivo, consistiendo estas obligaciones en prestaciones pecuniarias que se deben satisfacer a la Administración tributaria y cuya exigencia se impone en relación con otra obligación tributaria.
>
> (...)
>
> Los intereses de demora **tienen por objeto compensar** por el incumplimiento de una obligación de dar, o mejor, por el retraso en su cumplimiento. Tienen, pues, **carácter indemnizatorio**.
>
> Como declara la STC 76/1990, de 26 de abril, la finalidad de la norma que los ampara no trata de sancionar una conducta ilícita, "pues su sola finalidad consiste en disuadir a los contribuyentes de su morosidad en el pago de las deudas tributarias y compensar al erario público por el perjuicio que a éste supone la no disposición tempestiva de todos los fondos necesarios para atender a los gastos públicos. **Los intereses de demora no tienen naturaleza sancionadora, sino exclusivamente compensatoria o reparadora del perjuicio causado por el retraso en el pago de la deuda**

tributaria (..). más que una penalización en sentido estricto, son una especie de compensación específica, con arreglo a un módulo objetivo, del coste financiero... en suma, no hay aquí sanción alguna en su sentido técnico jurídico"».

CUESTIÓN

En el marco de la asistencia mutua, ¿las deudas titularidad de otros Estados devengan recargo?

No, el apartado 6 del artículo 28 de la LGT dispone que: «*No se devengarán los recargos* del periodo ejecutivo en el caso de deudas de titularidad de otros Estados o de entidades internacionales o supranacionales cuya actuación recaudatoria se realice en el marco de la asistencia mutua, *salvo que la normativa sobre dicha asistencia establezca otra cosa*».

|| Las costas del procedimiento de apremio

Otro concepto importante a tener en cuenta es el de costas en los procedimientos de apremio que serán exigidas al obligado al pago. Dentro del mismo se incluyen los gastos que se originen durante el desarrollo del procedimiento, entre los que se encuentran:

- Los honorarios de empresas o profesionales ajenos a la Administración que intervengan en valoraciones, deslindes y enajenación de los bienes embargados.

- Los honorarios de los registradores y demás gastos que deban abonarse por las actuaciones en los registros públicos.

- Los que deban abonarse por depósito y administración de los bienes embargados.

- Los pagos realizados a acreedores, según se dispone en el artículo 77.2 del RGR para el caso de concurrencia de embargos.

- Los importes que el órgano de recaudación competente haya satisfecho como alquiler de negocio, en aquellos casos en que el derecho de cesión del contrato de arrendamiento del local de negocio haya sido embargado.

- Los demás gastos que exija y requiera la propia ejecución.

Por el contrario, el artículo 113 del RGR excluye expresamente los gastos ordinarios de los órganos de Administración.

3.6. Terminación del procedimiento de apremio

El procedimiento de apremio termina:

- Con el pago de la cantidad debida. En este caso se cancelan todas las deudas incluidas en el expediente de apremio y se cubre la totalidad de las costas generadas en el procedimiento. Se hará constar en el expediente que las cantidades han sido satisfechas, y, por tanto, el expediente queda ultimado.

- Con el acuerdo que declare el crédito total o parcialmente incobrable, una vez declarados fallidos todos los obligados al pago.

- Con el acuerdo de haber quedado extinguida la deuda por cualquier otra causa.

En los casos en que se haya declarado el crédito incobrable, el procedimiento de apremio se reanudará, dentro del plazo de prescripción, cuando se tenga conocimiento de la solvencia de algún obligado al pago.

En aquellos casos en los que lo obtenido por el apremio no alcance para cubrir la totalidad de la cantidad debida, se tendrá en cuenta el siguiente orden:

- En primer lugar, el importe obtenido se aplicará a las costas del procedimiento.

- En segundo lugar, la cantidad restante se destinará al pago de las deudas ejecutadas, en virtud de lo dispuesto en el artículo 63 de la LGT. Si el expediente incluyese varios débitos habrá que atender al siguiente orden:

  » Créditos singularmente afectados, como, por ejemplo, deudas garantizadas con hipoteca. El importe que se obtenga de la realización del bien que garantizaba un crédito determinado se aplica prioritariamente a ese crédito hasta donde alcance dicha afección.

  » Créditos con preferencias legales genéricas. En esta fase se ordena el pago no ya por afección singular al bien, sino teniendo en cuenta el rango legal de los créditos concurrentes.

  » Resto de créditos según antigüedad. Si tras la aplicación de los dos puntos anteriores subsistiese remanente, se repartiría en función de la antigüedad de los créditos, determinada por la fecha en que cada deuda devino exigible.

A TENER EN CUENTA. En el marco de la asistencia mutua existen otras dos formas de terminar el procedimiento: la modificación de la solicitud de asistencia mutua, y la retirada de dicha solicitud por el Estado u organismo requirente.

En este punto conviene recordar que, los bienes embargados podrán **enajenarse** mediante subasta, concurso o adjudicación directa. Esto daría por concluido el procedimiento de apremio. También pueden adjudicarse a la Hacienda Pública si no se han adjudicado mediante su venta. La adjudicación a la Hacienda pública se hará por el importe de la deuda, sin que pueda rebasar el 75 % del tipo inicial fijado en el procedimiento de enajenación.

El acto de liquidación de la deuda tributaria debe ser firme antes de proceder a la enajenación de los bienes. En cualquier momento anterior a la adjudicación de bienes, la Administración tributaria liberará los bienes embargados si el obligado extingue la deuda tributaria y las costas del procedimiento de apremio.

CUESTIÓN

Cuando en un procedimiento de apremio se subasta un bien inmueble por un importe superior al de la deuda total a cubrir, ¿qué ocurre con el sobrante?, ¿prescribe el derecho a reclamarlo?

Cómo se señala en la **consulta vinculante de la Dirección General de Tributos (V0056-21), de 20 de enero de 2021**, el sobrante se deja a disposición del obligado en la Tesorería o Cuenta de Consignaciones de la Administración. Se puede concluir que el sobrante se subsumiría dentro del concepto de «devoluciones de ingresos indebidos» —artículo 66 de la LGT—, dado que se puede entender que ha existido un ingreso indebido en el Tesoro Público materializado en el sobrante de la adjudicación liquidado a que se refiere el artículo 104 bis del RGR. A dicha liquidación le resultarán de aplicación los plazos de prescripción regulados en las letras c) y d) del artículo 66 de la LGT, es decir, prescribirá a los 4 años.

RESOLUCIÓN RELEVANTE

Sentencia del Tribunal Supremo n.º 147/2022, de 7 de febrero, ECLI:ES:TS:2022:492

Asunto: la declaración de fallido de un crédito y la extensión de sus efectos.

«4. Se considerarán fallidos aquellos obligados al pago respecto de los cuales se ignore la existencia de bienes o derechos embargables o realizables para el cobro del débito. La declaración de fallido podrá referirse a la insolvencia total o parcial del deudor, en este último caso, cuando su patrimonio embargable o realizable conocido tan solo alcance a cubrir una parte de la deuda (apartado primero del art 61 del RGR).

5.- La declaración de fallido respecto del obligado tributario comporta el mantenimiento de esa situación hasta que se produzca la revisión de dicha declaración y la rehabilitación de los créditos incobrables. A estos efectos, el órgano de recaudación vigilará la posible solvencia sobrevenida de los obligados al pago declarados fallidos (artículo 63 del RGR).

6.- Dada la prolongación en el tiempo de la declaración de fallido hasta que no sea revisada la misma, declarado fallido un obligado al pago, las deudas de vencimiento posterior a la declaración se considerarán vencidas y podrán ser dadas de baja por referencia a dicha declaración, si no existen otros obligados al pago (artículo 62.4 del RGR).

7.- El desarrollo del procedimiento recaudatorio seguido frente al deudor principal puede servir para determinar su insolvencia, lo que permite considerar que, dicha actividad recaudatoria se encontraría justificada con anterioridad a la declaración de fallido (apartados quinto y sexto del artículo 124 del RGR) pero no con posterioridad a dicha declaración de fallido cuando, además, a tenor del artículo 173.1, b) LGT el procedimiento de apremio termina con el acuerdo que declare el crédito total o parcialmente incobrable, una vez declarados fallidos todos los obligados al pago.

8.- A partir de todo lo expresado debemos declarar que, en la medida que se refiere al obligado tributario, una declaración de fallido, efectuada por una determinada Administración pública, proyecta sus efectos con relación a la recaudación llevada a cabo por otra Administración Pública distinta.

9.- Conforme a lo anterior, declarada por una determinada Administración la condición de fallido de un obligado tributario en un procedimiento de recaudación, resultaría contrario a la funcionalidad de dicha declaración -como constatación de la insolvencia total o parcial del obligado tributario- así como al deber de las Administraciones públicas de respetar, entre otros, los principios de simplicidad, coo-

peración, colaboración y coordinación (artículo 3.1 b y k) de la Ley 40/2015, de 1 de octubre, de Régimen Jurídico del Sector Público), exigir en otro procedimiento de recaudación seguido ante otra Administración pública una nueva declaración de fallido contra el mismo obligado tributario.

10.- Asimismo, y sin perjuicio de los efectos que pueda comportar por lo que al plazo de prescripción de la derivación de responsabilidad subsidiaria se refiere (lo que se analizará en el siguiente fundamento de derecho), efectuada la declaración de fallido del obligado tributario, las actuaciones recaudatorias posteriores, llevadas a cabo por la misma Administración pública que procedió a dicha declaración o por otra diferente, resultan innecesarias en tanto no se haya acreditado la revisión de la declaración de fallido y la rehabilitación de los créditos incobrables, como consecuencia de la posible solvencia sobrevenida de los obligados al pago declarados fallidos».

4.
PROCEDIMIENTO DE RECAUDACIÓN TRIBUTARIA FRENTE A LOS RESPONSABLES

Procedimiento frente a los responsables: la declaración de responsabilidad

La **declaración de la responsabilidad tributaria**, regulada en los artículos 174 y siguientes de la LGT, y cuyos presupuestos materiales se establecen en los artículos 41, 42 y 43 de la LGT, **requiere de un acto administrativo**, tras un procedimiento contradictorio, con audiencia del interesado, en el que se constate la concurrencia de aquellos presupuestos. En las leyes especiales en ocasiones se **dispensa** de esta previa declaración formal de derivación de responsabilidad (así, por ejemplo, el apartado tercero del artículo 9 del TRLIRNR). Y tratándose de responsabilidad subsidiaria, es necesaria la **previa declaración de fallido** del deudor principal y, en su caso, de los responsables solidarios en el correspondiente procedimiento de ejecución (artículo 176 de la LGT). En este sentido, el apartado 5 del artículo 124 del RGR dispone que: «*Si el deudor principal o los responsables solidarios fueran declarados insolventes por la parte no derivada a los responsables subsidiarios, podrá procederse, en su caso y tras la correspondiente declaración de fallido por insolvencia total, a la derivación a dichos responsables subsidiarios del resto de deuda pendiente de cobro*».

El presunto **responsable subsidiario puede intervenir como interesado en el procedimiento de recaudación** (con la finalidad de que tenga éxito la ejecución contra los bienes del deudor principal, evitando así su declaración de responsabilidad). Incluso, en la medida en que en determinadas circunstancias pueden extenderse al responsable las sanciones, deberá darse audiencia al presunto responsable como interesado en el correspondiente procedimiento sancionador.

La responsabilidad podrá ser declarada en cualquier momento posterior a la práctica de la liquidación o a la presentación de la autoliquidación, salvo que la ley disponga otra cosa. **La competencia para iniciar el procedimiento de declaración de responsabilidad y para dictar el acto administrativo de declaración de responsabilidad corresponde al órgano de recaudación**.

A TENER EN CUENTA. La competencia para iniciar el procedimiento y para dictar el acto administrativo de declaración de responsabilidad se recoge en el artículo 174.2 de la LGT, que fue modificado por la Ley 13/2023, de 24 de mayo, con entrada en vigor el 26/05/2023, quedando según lo indicado. Con carácter previo, el precepto señalaba que «en el supuesto de liquidaciones administrativas, si la declaración de responsabilidad se efectúa con anterioridad al vencimiento del período voluntario de pago, la competencia para dictar el acto administrativo de declaración de responsabilidad corresponde al órgano competente para dictar la liquidación. En los demás casos, dicha competencia corresponderá al órgano de recaudación». Por lo tanto, con la reforma se unifica en los órganos de recaudación la competencia para iniciar y resolver el procedimiento de declaración de responsabilidad, con independencia del momento en el que se produzca dicha declaración.

CUESTIÓN

¿Cuál es la diferencia entre responsabilidad solidaria y subsidiaria?

El Tribunal Supremo ha aludido a esta diferencia en distintas ocasiones, véase, por ejemplo, la **STS n.º 1416/2025, de 5 de noviembre, ECLI:ES:TS:2025:5016**, que señala que: «Una de las clasificaciones más utilizadas en materia de derivación de responsabilidad, es la que distingue entre el responsable solidario y el responsable subsidiario que, básicamente, se diferencian por el distinto momento en que son llamados al pago y por el alcance del deber de asumir la deuda. Así, se ha venido considerando que el deudor solidario responde junto al deudor principal, conforme a la dicción legal, mientras que el subsidiario lo hace en lugar de éste, cuando ha sido declarado fallido, de tal forma que el responsable subsidiario aparece en escena en sustitución del deudor principal que, por razón de su insolvencia, formalmente declarada, da paso a aquél». Reiterando, además, que la responsabilidad subsidiaria «(...) entra en juego, únicamente, cuando se produce la insolvencia del deudor principal y de quienes aparezcan como deudores solidarios».

|| Trámite de audiencia al interesado

Antes de declarar la responsabilidad, la Administración dará al responsable trámite de audiencia para que pueda alegar lo que estime oportuno. El trámite de audiencia previo a los responsables no excluirá el derecho que también les asiste a formular con anterioridad a dicho trámite las alegaciones que estimen pertinentes y a aportar la documentación que consideren necesaria.

El trámite de audiencia tendrá una duración de 15 días contados a partir del día siguiente al de la notificación de la apertura de dicho plazo.

Una vez finalizado el plazo concedido, se dictará el acuerdo de declaración de responsabilidad si las alegaciones presentadas no acreditan su improcedencia.

|| Notificación del acuerdo de declaración de responsabilidad

El acto de declaración de responsabilidad será notificado a los responsables y tendrá el siguiente contenido:

- El texto íntegro del acuerdo de responsabilidad: indicando el presupuesto de hecho habilitante y las liquidaciones a las que alcanza dicho presupuesto.
- Medios de impugnación, órgano competente y plazo de interposición.
- Lugar, plazo y forma de pago.

CUESTIÓN

¿Cuál es el plazo máximo para notificar la resolución del procedimiento de declaración de responsabilidad?

En virtud de lo dispuesto en el artículo 124 del RGR, el plazo máximo para la notificación de la resolución del procedimiento será de seis meses.

|| Impugnación del acuerdo

En el recurso o reclamación contra el acuerdo de declaración de responsabilidad pueden impugnarse:

- El presupuesto de hecho habilitante.
- Las liquidaciones a las que alcanza dicho presupuesto, sin que como consecuencia de la resolución de estos recursos o reclamaciones puedan revisarse las liquidaciones que hubieran adquirido firmeza, sino únicamente el importe de la obligación del responsable que haya interpuesto el recurso o la reclamación. Es decir, la resolución de un recurso o reclamación interpuesto contra un acuerdo de declaración de responsabilidad, en lo que dicha resolución se refiera a las liquidaciones a las que alcance el presupuesto de hecho, no afectará a aquellos obligados tributarios para los que las liquidaciones hubieran adquirido firmeza.

Sin embargo, en los casos previstos en el artículo 42.2 de la LGT, no podrán impugnarse las liquidaciones a las que alcanza dicho presupuesto, sino el alcance global de la responsabilidad. Asimismo, en los supuestos previstos en el citado apartado no resultará de aplicación lo dispuesto en el artículo 212.3 de la LGT, tanto si el origen del importe derivado procede de deudas como de sanciones tributarias.

Finalmente, cabe traer a colación la **sentencia del Tribunal Supremo n.º 44/2023, de 19 de enero, ECLI:ES:TS:2023:183**, donde el Alto Tribunal ha completado su jurisprudencia acerca de las posibilidades impugnatorias del declarado responsable tributario, fijando los siguientes criterios:

«- Se completa nuestra jurisprudencia sobre las posibilidades impugnatorias que reconoce el art. 174.5, primer párrafo, de la LGT al declarado responsable tributario por razón de la causa de responsabilidad prevenida en el artículo 42.1.a) de la misma ley, en el sentido de que el precepto permite impugnar, sometiendo a controversia, por razones de forma o fondo, los recursos o reclamaciones del declarado responsable contra las liquidaciones y sanciones que se le derivaron, aun cuando éstas ya hubiesen sido enjuiciadas por sentencia judicial firme a instancias de los obligados principales.

- En ningún caso, la eventual estimación de tales motivos impugnatorios afectaría a la validez y eficacia de los actos ya enjuiciados por sentencia firme, sin perjuicio de que puede declararse la invalidez del acuerdo de derivación de responsabilidad, como el aquí sometido a debate, por razón de la concurrencia de vicios jurídicos presentes en aquellos actos administrativos o, expresado en otros términos, puede examinarse la validez de los actos dirigidos al deudor principal a fin de determinar la conformidad a Derecho del acto de derivación.

- El derecho impugnatorio que asiste, con la mayor amplitud, a los responsables tributarios, con ocasión de tales impugnaciones, lleva consigo el deber del órgano administrativo o judicial, según los casos, de examinar los motivos esgrimidos y los argumentos en que se amparen, sin que la firmeza de los actos puede erigirse en obstáculo que impida o dificulte ese obligado examen.

- El derecho a invocar tales motivos de que se verían aquejados, en el sentir del declarado responsable, los actos de establecimiento de las deudas o sanciones que a la postre se le derivaron, que recae sobre los mencionados actos firmes, con ocasión de la reacción administrativa o judicial frente a los actos de derivación de responsabilidad, surge de modo directo del art. 24 de la CE, así como del artículo 25 CE, tratándose de sanciones».

|| Plazo de pago

El plazo del pago del responsable será el del período voluntario de pago del artículo 62.2 de la LGT.

Si no se realiza el pago en el citado plazo por el responsable, le será exigido en la vía de apremio con el recargo del período ejecutivo que corresponda.

Procedimiento para exigir la responsabilidad solidaria

El procedimiento para exigir la responsabilidad solidaria, según los casos, será el siguiente (artículo 175 de la LGT):

- Cuando la responsabilidad haya sido declarada y notificada al responsable en cualquier momento anterior al vencimiento del período voluntario de pago original de la deuda que se deriva, bastará con requerirle el pago una vez transcurrido dicho período.

- En los demás casos, una vez transcurrido el período voluntario de pago original de la deuda que se deriva, el órgano competente dictará acto de declaración de responsabilidad que se notificará al responsable.

El que pretenda adquirir la titularidad de explotaciones y actividades económicas y al objeto de limitar la responsabilidad solidaria del artículo 42.1.c) de la LGT, tendrá derecho, previa la conformidad del titular actual, a solicitar de la Administración certificación detallada de las deudas, sanciones y responsabilidades tributarias derivadas de su ejercicio. La Administración tributaria deberá expedir dicha certificación en el plazo de tres meses desde la solicitud. En tal caso quedará la responsabilidad del adquirente limitada a las deudas, sanciones y responsabilidades contenidas en la misma. Si la certificación se expidiera sin mencionar deudas, sanciones o responsabilidades o no se facilitara en el plazo señalado, el solicitante quedará exento de la responsabilidad a la que se refiere dicho artículo.

CUESTIÓN

¿Quiénes son responsables solidarios?

Tal y como se recoge en el artículo 42 de la LGT serán responsables solidarios de la deuda tributaria:

- Las personas o entidades que sean causantes o colaboren activamente en la realización de una infracción tributaria. Su responsabilidad también se extenderá a la sanción.

- Los partícipes o cotitulares de las entidades a que se refiere el apartado 4 del artículo 35 de la LGT, en proporción a sus respectivas participaciones respecto a las obligaciones tributarias materiales de dichas entidades.

- Las personas o entidades que sucedan por cualquier concepto en la titularidad o ejercicio de explotaciones o actividades económicas, por las obligaciones tributarias contraídas del anterior titular y derivadas de su ejercicio. La responsabilidad también se extenderá a las obligaciones derivadas de la falta de ingreso de las retenciones e ingresos a cuenta practicadas o que se hubieran debido practicar.

Procedimiento para exigir la responsabilidad subsidiaria

Una vez declarados fallidos el deudor principal y, en su caso, los responsables solidarios, la Administración tributaria dictará acto de declaración de responsabilidad, que se notificará al responsable subsidiario (artículo 176 de la LGT). La LGT dedica su **artículo 43** a regular los supuestos en los que nace la responsabilidad subsidiaria.

5.
PROCEDIMIENTO DE RECAUDACIÓN TRIBUTARIA FRENTE A SUCESORES

La recaudación tributaria frente a los sucesores

El artículo 177 de la LGT se ocupa de una cuestión muy concreta y frecuente en la práctica: qué ocurre con el procedimiento de cobro cuando el deudor «desaparece», bien porque fallece (si es una persona física), bien porque se extingue (si es una sociedad o una entidad sin personalidad jurídica). No entra a definir quién sucede al deudor ni en qué medida responde cada sucesor; eso lo hacen los artículos 39 y 40 de la propia LGT. Su función es otra: asegurar que la maquinaria recaudatoria no se detiene por el simple hecho de que cambie la persona del obligado, y adaptar de forma razonada el procedimiento a esa nueva realidad subjetiva.

5.1. Sucesores personas físicas

En el caso de las personas físicas, el artículo 177 de la LGT parte de una idea clara: las deudas tributarias del causante no se disuelven con su fallecimiento. Siguen vivas y pasan a integrarse en la herencia, formando parte del pasivo frente al que deberán responder los herederos y, en su caso, ciertos legatarios. Como regla general, cuando fallece el obligado al pago de la deuda tributaria **el procedimiento de recaudación continúa con sus herederos y legatarios**, sin otro requisito que la **constancia del fallecimiento de aquél y la notificación a los sucesores,** con requerimiento del pago de la deuda tributaria y costas pendientes del causante.

Hay que partir de que el artículo 39 de la LGT regula los sucesores de personas física y establece que:

> «1. A la muerte de los obligados tributarios, las obligaciones tributarias pendientes se transmitirán a los herederos, sin perjuicio de lo que establece la legislación civil en cuanto a la adquisición de la herencia.

Las referidas obligaciones tributarias se transmitirán a los legatarios en las mismas condiciones que las establecidas para los herederos cuando la herencia se distribuya a través de legados y en los supuestos en que se instituyan legados de parte alícuota.

En ningún caso se transmitirán las sanciones. Tampoco se transmitirá la obligación del responsable salvo que se hubiera notificado el acuerdo de derivación de responsabilidad antes del fallecimiento.

2. No impedirá la transmisión a los sucesores de las obligaciones tributarias devengadas el hecho de que a la fecha de la muerte del causante la deuda tributaria no estuviera liquidada, en cuyo caso las actuaciones se entenderán con cualquiera de ellos, debiéndose notificar la liquidación que resulte de dichas actuaciones a todos los interesados que consten en el expediente.

3. Mientras la herencia se encuentre yacente, el cumplimiento de las obligaciones tributarias del causante corresponderá al representante de la herencia yacente.

Las actuaciones administrativas que tengan por objeto la cuantificación, determinación y liquidación de las obligaciones tributarias del causante deberán realizarse o continuarse con el representante de la herencia yacente. Si al término del procedimiento no se conocieran los herederos, las liquidaciones se realizarán a nombre de la herencia yacente.

Las obligaciones tributarias a que se refiere el párrafo anterior y las que fueran transmisibles por causa de muerte podrán satisfacerse con cargo a los bienes de la herencia yacente».

A diferencia de lo que sucede en la derivación de responsabilidad, el artículo 177 de la LGT dispone que aquí **se continua el procedimiento de recaudación existente contra el causante**, por lo que si ya se hubiera iniciado el procedimiento administrativo de apremio se seguirá el mismo frente al sucesor. Para ello se exige, eso sí, una doble actuación de la Administración:

- En primer lugar, debe constatar debidamente el fallecimiento del obligado al pago.

- En segundo término, ha de notificar a los sucesores la existencia de esa deuda pendiente, requiriéndoles el pago no sólo del principal adeudado, sino también de las costas del procedimiento de apremio que se hubieran devengado hasta ese momento.

Por su parte, el artículo 127 del RGR complementa lo dispuesto en la LGT, detallando los plazos y condiciones para la notificación y el requerimiento de pago a los sucesores. Según este artículo:

- Cuando el fallecimiento del obligado al pago ocurre dentro del período voluntario, se requerirá al sucesor para que realice el pago dentro del plazo establecido en el artículo 62.2 de la LGT.

- En el caso de que el fallecimiento ocurra antes de la notificación de la providencia de apremio, se notificará dicha providencia al sucesor, quien deberá asumir el recargo ejecutivo si realiza el pago antes de la notificación.

- Si el fallecimiento ocurre después de la notificación de la providencia de apremio y antes de la finalización del plazo del artículo 62.5 de la

LGT, se requerirá al sucesor el pago de la deuda y el recargo de apremio reducido del 10 % dentro del plazo correspondiente, advirtiéndole de que si no efectúa el ingreso total (importe de la deuda y recargo de apremio reducido) se procederá al embargo de bienes o en caso, ejecución de garantía, para el cobro de la deuda con el recargo de apremio del 20 %.

- Cuando el fallecimiento se produce después de la finalización del plazo del artículo 62.5 de la LGT, se requerirá el sucesor para que realice el pago de la deuda y el recargo de apremio ordinario en los plazos establecidos en dicho artículo.

Dentro de este procedimiento, existen dos supuestos especiales:

- **Derecho a deliberar del heredero**: cuando el heredero alegue haber hecho uso del derecho a deliberar, se suspenderá el procedimiento de recaudación hasta que transcurra el plazo concedido para ello, durante el cual podrá solicitar de la Administración Tributaria una certificación de las deudas tributarias pendientes del causante, con efectos meramente informativos. Esta certificación contendrá:

  » El nombre y apellidos o razón social o denominación completa, así como el número de identificación fiscal del causante y del heredero.

  » Último domicilio fiscal del causante y del heredero.

  » Detalle de las deudas y demás responsabilidades del causante pendiente a la fecha de expedición del certificado.

Cabe citar aquí la **STSJ de Galicia n.º 60/2025, de 27 de enero, ECLI:ES:TSJGAL:2025:624**, en la que se establece lo siguiente respecto al derecho a deliberar y su diferencia con la aceptación de la herencia a beneficio de inventario:

> «En los diversos requerimientos realizados a los demandantes como sucesores del causante se alude a la paralización/suspensión del procedimiento con cita del art. 177 LGT. Sin embargo, este precepto sólo prevé la suspensión del procedimiento recaudatorio cuando los herederos hagan uso del derecho a deliberar, distinto al de aceptación de la herencia a beneficio de inventario, con independencia de los efectos que pueda tener en su condición de heredero el resultado del elaborado.
>
> Así resulta del art. 1010 CC cuando tras reconocer el derecho de todo heredero a aceptar la herencia a beneficio de inventario, aunque el testador se lo haya prohibido, literalmente dice: "También podrá pedir la formación de inventario antes de aceptar o repudiar la herencia, para deliberar sobre este punto". Igualmente el art. 1018 CC distingue ambos derechos cuando establece: "El heredero que ... quiera utilizar el beneficio de inventario o el derecho de deliberar, deberá comunicarlo ante Notario y pedir en el plazo de treinta días a contar desde aquél en que supiere ser tal heredero la formación de inventario notarial con citación a los acreedores y legatarios para que acudan a presenciarlo si les conviniere"
>
> Ahora bien, que la LGT solo contemple expresamente el supuesto mencionado no conduce a afirmar que los actores adquieren la condición de

sucesores en la obligación tributaria del causante desde el fallecimiento de este en todo caso, pues el propio art. 39 LGT se remite a la legislación civil en cuanto al momento de adquirir la herencia».

- **Herencia yacente**: el legislador no ignora que, con frecuencia, entre el fallecimiento y la efectiva aceptación de la herencia se abre un periodo más o menos prolongado de indefinición: la herencia yacente. Precisamente para evitar que ese limbo sucesorio paralice el cobro, el artículo permite que el procedimiento recaudatorio se dirija mientras tanto contra la propia masa hereditaria. Por tanto, mientras la herencia se encuentre yacente, el procedimiento de recaudación de las deudas tributarias pendientes podrá continuar dirigiéndose contra sus bienes y derechos, a cuyo efecto se deberán entender las actuaciones con quien ostente su administración o representación, en los términos del apartado tercero del artículo 45 de la LGT. Hay que aclarar en este punto que la suspensión del procedimiento de recaudación, cuando el heredero alegue haber hecho uso del derecho a deliberar, no afectará a las posibles actuaciones recaudaciones que se lleven a cabo frente a la herencia yacente.

Por su parte la **STSJ de la Comunidad Valenciana n.º 892/2019, de 4 de junio, ECLI:ES:TSJCV:2019:2614**, señala respecto a la herencia yacente:

«Mientras la herencia se encuentre yacente, el cumplimiento de las obligaciones tributarias del causante corresponderá al representante de la herencia yacente.

Las actuaciones administrativas que tengan por objeto la cuantificación, determinación y liquidación de las obligaciones tributarias del causante deberán realizarse o continuarse con el representante de la herencia yacente.

Si al término del procedimiento no se conocieran los herederos, las liquidaciones se realizarán a nombre de la herencia yacente.

Las obligaciones tributarias a que se refiere el párrafo anterior y las que fueran transmisibles por causa de muerte podrán satisfacerse con cargo a los bienes de la herencia yacente.' En cuanto al procedimiento a seguir éste se regula en el apartado 1º del artículo 177 ' Procedimiento de recaudación frente a los sucesores' en el que se dispone: ' Fallecido cualquier obligado al pago de la deuda tributaria, el procedimiento de recaudación continuará con sus herederos y, en su caso, legatarios, sin más requisitos que la constancia del fallecimiento de aquél y la notificación a los sucesores, con requerimiento del pago de la deuda tributaria y costas pendientes del causante.

Cuando el heredero alegue haber hecho uso del derecho a deliberar, se suspenderá el procedimiento de recaudación hasta que transcurra el plazo concedido para ello, durante el cual podrá solicitar de la Administración tributaria la relación de las deudas tributarias pendientes del causante, con efectos meramente informativos.

Mientras la herencia se encuentre yacente, el procedimiento de recaudación de las deudas tributarias pendientes podrá continuar dirigiéndose contra sus bienes y derechos, a cuyo efecto se deberán entender las actuaciones con quien ostente su administración o representación'».

CUESTIONES

1. ¿Puede el hecho de desconocer una deuda en el momento de la aceptación de la herencia excusar la obligación del pago del heredero?

No, y así lo señala la **STSJ de Castilla y León n.º 775/2025, de 23 de junio, ECLI:ES:TSJCL:2025:2962**, al afirmar que: «(...) La argumentación del desconocimiento que se articula por la actora carece de razón de ser, pues ello no le excusa por sí sólo de la obligación de pago, ya que habiéndose sucedido en la totalidad del activo y el pasivo del causante, y habiéndose, en su caso, podido hacer uso de los mecanismos que el derecho de sucesiones arbitra para estos supuestos, como la sucesión a beneficio de inventario, es evidente que la sucesora asumió la totalidad del activo y del pasivo de su causante y su eventual desconocimiento de las deudas del que fuera su esposo, no es causa bastante para excusar su obligación de pago, cuando, como se dice, hubiera podido acudir a los medios que el ordenamiento arbitra al efecto para hacer, en su caso, uso de los derechos que al efectos establece el ordenamiento para la defensa de la situación de quien sucede por causa de muerte a otra persona».

2. ¿Qué ocurre cuando se constata que no existen herederos conocidos o los que hay han renunciado a la herencia?

El apartado tercero del artículo 127 del RGR dispone que «Desde que conste que no existen herederos conocidos o cuando los conocidos hayan renunciado a la herencia o no la hayan aceptado expresa o tácitamente, se pondrán los hechos en conocimiento del órgano competente, el cual dará traslado al órgano con funciones de asesoramiento jurídico a efectos de que se solicite la declaración de heredero que proceda, sin perjuicio de la continuación del procedimiento de recaudación contra los bienes y derechos de la herencia».

RESOLUCIÓN RELEVANTE

Sentencia del Tribunal Supremo n.º 1123/2022, de 12 de septiembre, ECLI:ES:TS:2022:3299

Asunto: La no consideración como heredero del legatario cuyo legado resulta inefectivo.

«"Teniendo en consideración las circunstancias concurrentes en el presente caso, a saber, un inventario de la herencia que arroja un saldo negativo, que los herederos instituidos aceptaron la herencia a beneficio de inventario y que se declaró la herencia en concurso, el artículo 39.1 LGT no permite atribuir a una legataria de parte alícuota la condición de sucesora de las deudas tributarias del causante ante la imposibilidad material y jurídica de hacer efectivo ese legado.

En las circunstancias expresadas no cabe considerar la existencia de una herencia yacente con relación a aquella legataria».

5.2. Sucesores personas jurídicas

La segunda gran vertiente del artículo 177 de la LGT es la relativa a las personas jurídicas y a las entidades sin personalidad jurídica. Aquí la situación de partida es distinta: no hablamos de muerte natural, sino de disolución y liquidación de sociedades o entidades. Igual que ocurría con las personas físicas, la extinción de la entidad no borra las deudas tributarias devengadas, sino que lo que hace la ley es desplazar la posición de deudor hacia quienes se han beneficiado de su patrimonio. Como punto de partida conviene traer aquí el artículo 40 de la LGT, que regula los sucesores de las personas jurídicas en los siguientes términos:

«1. Las obligaciones tributarias pendientes de las sociedades y entidades con personalidad jurídica disueltas y liquidadas en las que la Ley limita la responsabilidad patrimonial de los socios, partícipes o cotitulares se transmitirán a éstos, que quedarán obligados solidariamente hasta el límite del valor de la cuota de liquidación que les corresponda y demás percepciones patrimoniales recibidas por los mismos en los dos años anteriores a la fecha de disolución que minoren el patrimonio social que debiera responder de tales obligaciones, sin perjuicio de lo previsto en el artículo 42.2.a) de esta Ley.

Las obligaciones tributarias pendientes de las sociedades y entidades con personalidad jurídica disueltas y liquidadas en las que la Ley no limita la responsabilidad patrimonial de los socios, partícipes o cotitulares se transmitirán íntegramente a éstos, que quedarán obligados solidariamente a su cumplimiento.

2. El hecho de que la deuda tributaria no estuviera liquidada en el momento de producirse la extinción de la personalidad jurídica de la sociedad o entidad no impedirá la transmisión de las obligaciones tributarias devengadas a los sucesores, pudiéndose entender las actuaciones con cualquiera de ellos.

3. En los supuestos de extinción o disolución sin liquidación de sociedades y entidades con personalidad jurídica, las obligaciones tributarias pendientes de las mismas se transmitirán a las personas o entidades que sucedan o que sean beneficiarias de la correspondiente operación. Esta norma también será aplicable a cualquier supuesto de cesión global del activo y pasivo de una sociedad y entidad con personalidad jurídica.

4. En caso de disolución de fundaciones o entidades a las que se refiere el apartado 4 del artículo 35 de esta ley, las obligaciones tributarias pendientes de las mismas se transmitirán a los destinatarios de los bienes y derechos de las fundaciones o a los partícipes o cotitulares de dichas entidades.

5. Las sanciones que pudieran proceder por las infracciones cometidas por las sociedades y entidades a las que se refiere este artículo serán exigibles a los sucesores de las mismas, en los términos establecidos en los apartados anteriores y, en su caso, hasta el límite del valor determinado conforme a lo dispuesto en el apartado 1 de este artículo».

Constatada la extinción de la entidad, el procedimiento de recaudación continúa, no ya contra un sujeto desaparecido, sino frente a los socios, partícipes o cotitulares en el caso de sociedades y entidades, y frente a los destinatarios de los bienes y derechos en el caso de fundaciones o de otras entidades similares.

La determinación de los sucesores y el alcance de la deuda tributaria que se les pueda exigir se determinan con arreglo al mentado artículo 40 de la LGT, en este caso también se podrán exigir las sanciones.

En el caso de pluralidad de sucesores, la Administración Tributaria podrá dirigirse contra cualquiera de los socios, partícipes, cotitulares o destinatarios o contra todos ellos simultánea o sucesivamente, para requerirles el pago de la deuda tributaria y las costas pendientes.

RESOLUCIÓN RELEVANTE

Sentencia del Tribunal Supremo n.º 1296/2023, de 23 de octubre, ECLI:ES:TS:2023:4357

Asunto: Procedimiento del artículo 177 de la LGT.

«En cuanto al momento y tipo de resolución por la que se hace efectiva la subrogación por sucesión en la obligación tributaria ante la extinción de la personalidad jurídica del obligado principal, el art. 177.2 LGT sobre procedimiento de recaudación frente a los sucesores tampoco establece ninguna regla procedimental más allá de señalar que "[...] Disuelta y liquidada una sociedad o entidad, el procedimiento de recaudación continuará con sus socios, partícipes o cotitulares, una vez constatada la extinción de la personalidad jurídica [...]" para la cual, el inciso final de esta apartado 2 del art. 177 previene que "[...] la Administración tributaria podrá dirigirse contra cualquiera de los socios, partícipes, cotitulares o destinatarios, o contra todos ellos simultánea o sucesivamente, para requerirles el pago de la deuda tributaria y costas pendientes [...]".

Por su parte, el art. 127 del Reglamento de Recaudación establece que la deuda tributaria se exigirá a los socios partícipes, cotitulares o destinatarios, que se subrogarán a estos efectos en la misma posición en que se encontraba la sociedad, entidad o fundación en el momento de la extinción de la personalidad jurídica. El apartado 4 del art. 127 dispone que "[...] Disuelta una sociedad, entidad o fundación, el procedimiento de recaudación continuará con sus socios, partícipes, cotitulares o destinatarios, que se subrogarán a estos efectos en la misma posición en que se encontraba la sociedad, entidad o fundación en el momento de la extinción de la personalidad jurídica. En la notificación al sucesor se le requerirá el pago de la deuda en los siguientes plazos [...]" que, en este caso, y por estar la deuda ya en situación de apremio, se produjo mediante la notificación de la providencia de apremio con indicación de la condición de sucesores en la obligación tributaria ex art 40 LGT.

Según acepta la propia Administración, en su escrito de oposición, la Administración debería incorporar a su resolución formalizando la reclamación de pago a quien se subroga en el procedimiento como sucesor, ex art. 40 LGT, la motivación necesaria a la vista de los datos que consten en su poder, en tanto permite delimitar de la manera más precisa la situación jurídica y el alcance de las obligaciones tributarias del sucesor. Esta obligación, viene derivada del principio de buena administración, implícito en la Constitución (arts. 9.3 y 103), proyectado en numerosos pronunciamientos jurisprudenciales, y positivizado, actualmente, en nuestro Derecho común [art. 3.1.e) de la Ley 40/2015], y en el Derecho de la Unión Europea (arts. 41 y 42 de la Carta de Derechos Fundamentales de la Unión), impone a la Administración una conducta lo suficientemente diligente como para evitar definitivamente las posibles disfunciones derivadas de su actuación, o aquellas que den lugar a resultados arbitrarios, sin que baste al respecto la mera observancia estricta de procedimientos y trámites.

Tal principio reclama, más allá de ese cumplimiento estricto del procedimiento, la plena efectividad de las garantías y derechos reconocidos legal y constitucionalmente y ordena a los responsables de gestionar el sistema impositivo (en nuestro caso), es decir, a la propia Administración Tributaria, observando el deber de cuidado y la debida diligencia para su efectividad y la garantizar la necesaria protección jurídica de los ciudadanos, impidiendo situaciones absurdas, que generen enriquecimiento injusto o, también, que supongan una tardanza innecesaria e indebida en el reconocimiento de los derechos que se aducen».

ANEXO.
CASOS PRÁCTICOS

Caso práctico | Incumplimiento de los plazos concedidos en el aplazamiento de deudas tributarias

PLANTEAMIENTO

Una empresa solicita el aplazamiento en tres cuotas de un impuesto en plazo voluntario por un importe de 30.000 euros. ¿Es necesario que aporte garantía? En caso de que el aplazamiento sea concedido, ¿qué pasará si incumple alguno de los plazos?

RESPUESTA

No se exigen garantías para las solicitudes de aplazamiento y fraccionamiento de pago de las deudas gestionadas por la Hacienda pública, cuando su importe en conjunto no exceda de 50.000 euros y se encuentren tanto en período voluntario como en período ejecutivo de pago, sin perjuicio, en el caso de encontrarnos en período ejecutivo de pago, de que se mantengan las trabas existentes sobre bienes y derechos del deudor en el momento de la presentación de la solicitud.

En este sentido se pronuncia la Orden HFP/311/2023, de 28 de marzo, por la que se eleva el límite exento de la obligación de aportar garantía en las solicitudes de aplazamiento o fraccionamiento a 50.000 euros, que en su artículo 2 establece:

> «No se exigirán garantías para las solicitudes de aplazamiento y fraccionamiento de pago de las deudas a que se refiere el artículo anterior, cuando su importe en conjunto no exceda de 50.000 euros y se encuentren tanto en período voluntario como en periodo ejecutivo de pago, sin perjuicio del mantenimiento, en este último caso, de las trabas existentes sobre bienes y derechos del deudor en el momento de la presentación de la solicitud.
>
> A efectos de la determinación del importe de deuda señalado, se acumularán, en el momento de la solicitud, tanto las deudas a las que se refiere la propia solicitud, como cualesquiera otras del mismo deudor para las que se haya solicitado y no resuelto el aplazamiento o fraccionamiento, así como el importe de los vencimientos pendientes de ingreso de las deudas aplazadas o fraccionadas, salvo que estén debidamente garantizadas.
>
> Las deudas acumulables serán aquellas que consten en las bases de datos del órgano de recaudación competente, sin que sea precisa la consulta a los demás órganos u organismos comprendidos en el ámbito de aplicación de esta orden a efectos de determinar el conjunto de las mismas. No obstante, los órganos competentes de recaudación computarán aquellas otras deudas acumulables que, no constando en sus bases de datos, les hayan sido comunicadas por otros órganos u organismos».

En lo que respecta al **incumplimiento de plazos**, la consecuencia será que el día siguiente al vencimiento de cada uno de ellos se iniciará el periodo ejecutivo respecto de este vencimiento y como consecuencia de ello se dictará providencia de apremio, que será notificada al deudor. Si dentro del plazo del art. 62.5 de la LGT, concedido en la notificación de la providencia de apremio, el deudor ingresa el importe de la fracción incumplida (principal e intereses) más el recargo de apremio quedará extinguida la fracción inicialmente incumplida y continuará vigente el resto del fraccionamiento.

Si no realiza el ingreso de dichos importes en el plazo concedido podrán iniciarse actuaciones de embargo por los importes debidos (principal, intereses y recargo de apremio) y el resto de los plazos se considerarán vencidos.

Caso práctico | Autoliquidación en plazo con reconocimiento de deuda ante la imposibilidad del pago, ¿qué recargo corresponde?

PLANTEAMIENTO

El contribuyente ha presentado el modelo 111, correspondiente al tercer trimestre de 2023, el 6 de octubre, siendo por tanto presentada en plazo ya que el plazo de presentación finalizaba el 20 de octubre. Esta autoliquidación se realiza con reconocimiento de deuda ante la imposibilidad del pago, el cual se realiza de manera íntegra el día 29 de octubre.

En este caso el contribuyente se plantea si corresponde aplicar el recargo del art 27 de la LGT o por el contrario debe aplicar el recargo del artículo 28 de la LGT.

RESPUESTA

Con relación a esta cuestión se ha pronunciado la Dirección General de Tributos en la consulta vinculante (V1094-23), de 4 de mayo de 2023, concluyendo que en este supuesto correspondería aplicar los recargos del artículo 28 de la LGT.

El artículo 27 de la LGT se encarga de regular los recargos por declaración extemporánea sin que se haya realizado requerimiento previo por parte de la Administración tributaria, señalando en el apartado 1:

«1. Los recargos por declaración extemporánea son prestaciones accesorias que deben satisfacer los obligados tributarios como consecuencia de la presentación de autoliquidaciones o declaraciones fuera de plazo sin requerimiento previo de la Administración tributaria.

A los efectos de este artículo, se considera requerimiento previo cualquier actuación administrativa realizada con conocimiento formal del obligado tributario conducente al reconocimiento, regularización, comprobación, inspección, aseguramiento o liquidación de la deuda tributaria».

Del planteamiento expuesto se advierte que la autoliquidación ha sido presentada dentro del plazo establecido en la normativa del tributo y por lo tanto no procede la aplicación de los recargos por declaración extemporánea sin requerimiento previo del artículo 27 de la LGT.

Ahora bien, el contribuyente presenta la autoliquidación en plazo sin efectuar el ingreso total, ni solicitar aplazamiento, fraccionamiento o compensación al momento de la presentación. En este caso, conforme al artículo 161 de la LGT se inicia el período ejecutivo desde el día siguiente a la finalización del plazo para el ingreso establecida en la normativa del tributo.

A este respecto señala el artículo 28 de la LGT:

«1. Los recargos del período ejecutivo se devengan con el inicio de dicho período, de acuerdo con lo establecido en el artículo 161 de esta ley.

Los recargos del período ejecutivo son de tres tipos: recargo ejecutivo, recargo de apremio reducido y recargo de apremio ordinario.

Dichos recargos son incompatibles entre sí y se calculan sobre la totalidad de la deuda no ingresada en período voluntario.

2. El recargo ejecutivo será del cinco por ciento y se aplicará cuando se satisfaga la totalidad de la deuda no ingresada en periodo voluntario antes de la notificación de la providencia de apremio.

3. El recargo de apremio reducido será del 10 por ciento y se aplicará cuando se satisfaga la totalidad de la deuda no ingresada en periodo voluntario y el propio recargo antes de la finalización del plazo previsto en el apartado 5 del artículo 62 de esta ley para las deudas apremiadas.

4. El recargo de apremio ordinario será del 20 por ciento y será aplicable cuando no concurran las circunstancias a las que se refieren los apartados 2 y 3 de este artículo.

5. El recargo de apremio ordinario es compatible con los intereses de demora. Cuando resulte exigible el recargo ejecutivo o el recargo de apremio reducido no se exigirán los intereses de demora devengados desde el inicio del período ejecutivo.

6. No se devengarán los recargos del periodo ejecutivo en el caso de deudas de titularidad de otros Estados o de entidades internacionales o supranacionales cuya actuación recaudatoria se realice en el marco de la asistencia mutua, salvo que la normativa sobre dicha asistencia establezca otra cosa».

Por tanto, en el supuesto que hemos planteado corresponde aplicar uno de los recargos regulados en el citado artículo, esto es, si se ha satisfecho la totalidad de la deuda no ingresada en período voluntario antes de la notificación de la providencia de apremio, corresponderá un 5 %. Si se paga la totalidad de la deuda no ingresada en período voluntario y el propio recargo antes de los plazos establecidos en el artículo 62.5 de la LGT, se aplicará un recargo del 10 %. Por último, cuando no concurran ninguno de los anteriores supuestos, se satisfará un recargo del 20 %.

Caso práctico | ¿Una legataria de parte alícuota que no ha aceptado su legado puede considerarse sucesora de las deudas tributarias?

PLANTEAMIENTO

Una persona, legataria de parte alícuota de una herencia, recibe notificaciones de liquidaciones tributarias derivadas de las deudas del causante. Los herederos han aceptado la herencia a beneficio de inventario y esta se encuentra en concurso de acreedores. La legataria no ha aceptado ni tácita ni expresamente el legado y, posteriormente, renuncia al mismo. La Administración Tributaria le atribuye la condición de sucesora de las deudas tributarias del causante y le notifica las liquidaciones. La legataria impugna dichas liquidaciones alegando que no puede ser considerada sucesora ni representante de la herencia yacente. ¿Puede considerarse sucesora de las deudas tributarias del causante una legataria de parte alícuota que no ha aceptado su legado? ¿Es posible atribuirle la condición de representante de la herencia yacente?

RESPUESTA

El Tribunal Supremo en su sentencia n.º 1123/2022, de 12 de septiembre, ECLI:ES:TS:2022:3299, aborda esta cuestión y declara que no cabe atribuir a la legataria la condición de sucesora ni de representante de la herencia yacente, señalando que en herencias claramente deficitarias, con aceptación a beneficio de inventario y concurso, el artículo 177 de la LGT no puede utilizarse para cargar las deudas tributarias del causante sobre un legatario de parte alícuota cuyo legado es inefectivo; la recaudación debe orientarse a la herencia (patrimonio separado) y, en su caso, al concurso, y no al legatario.

La cuestión jurídica principal de la sentencia citada consiste en determinar si la Administración podía, con base en el artículo 177.1 de la LGT, continuar la recaudación directamente contra el legatario, tratándolo como sucesor, o si, por el contrario, debía proseguir dirigiéndose contra los bienes y derechos de la herencia (herencia yacente y, luego, masa concursal), entendiendo las actuaciones con quien ostentara la administración o representación de dicha herencia.

El TS valora 4 aspectos destacados que resultan relevantes para el caso concreto:

- El saldo negativo del inventario.
- La aceptación a beneficio de inventario por los herederos.
- La posterior declaración de concurso de la herencia.
- La no aceptación (y posterior renuncia) del legado de parte alícuota y, sobre todo, la imposibilidad material y jurídica de hacerlo efectivo.

La sentencia de referencia establece que el artículo 39.1 de la LGT equipara, a ciertos efectos, a herederos y legatarios de parte alícuota, pero siempre «sin perjuicio de lo que establece la legislación civil» sobre adquisición de la herencia y efectividad de los legados.

En el caso de un legado de parte alícuota si la herencia tiene saldo neto negativo, los herederos han aceptado a beneficio de inventario, y se declara el concurso de la herencia, **el legado no puede materializarse**. En ese escenario el **artículo 39 de la LGT no permite atribuir a la legataria de parte alícuota la condición de sucesora de las deudas tributarias del causante, por la imposibilidad material y jurídica de hacer efectivo el legado.**

Por su parte, el apartado primero del artículo 177 de la LGT prevé la continuación de la recaudación con herederos y, en su caso, legatarios, pero añade que, mientras la herencia se encuentre yacente, la recaudación debe dirigirse contra sus bienes y derechos, entendiéndose las actuaciones con quien ostente su administración o representación.

Esto implica que, **en estos casos, la Administración debe actuar frente a la herencia (herencia yacente o masa concursal), y no derivar indebidamente la recaudación hacia un legatario cuyo legado e inefectivo**. En este sentido, el TS descarta que el legatario de parte alícuota pueda ser considerado representante de la herencia yacente cuando haya herederos, albacea y, después, administrador concursal que ostenten esa función.

Por tanto, puede concluirse que:

- No era conforme a derecho que la Administración notificase las liquidaciones de intereses de demora al legatario de parte alícuota, tratándolo como sucesor del causante.

- Tampoco era correcto considerarlo representante de la herencia yacente, existiendo albacea y luego administrador concursal.

- El artículo 177 de la LGT en su apartado 1 imponía, en este escenario, que la recaudación continuara contra los bienes y derechos de la herencia, entendiéndose las actuaciones con su representante, y posteriormente conforme a las reglas del concurso.

Caso práctico | ¿La declaración de fallido del deudor debe indicar si la insolvencia es total o parcial para fundamentar una derivación de responsabilidad?

PLANTEAMIENTO

¿Es válida la declaración de fallido del deudor y la posterior derivación de responsabilidad subsidiaria si no consta en el acuerdo de fallido si la insolvencia es total o parcial?

RESPUESTA

Sí, la declaración de fallido del deudor es válida aunque el acuerdo no especifique si la insolvencia es total o parcial, y así lo ha dispuesto el Tribunal Supremo en su STS n.º 1746/2022, de 22 de diciembre, ECLI:ES:TS:2022:4927, en la que aclara que la posterior derivación de responsabilidad subsidiaria, siempre que cumpla el resto de requisitos legales, puede considerarse ajustada a Derecho.

La mentada sentencia parte del artículo 61 del RGR que define al deudor fallido y prevé el fallido por insolvencia parcial cuando el patrimonio embargable o realizable conocido solo cubre parte de la deuda, y recalca que la declaración de fallido no requiere, para su validez, que se haga constar expresamente el carácter total o parcial de la insolvencia. Lo relevante, desde la perspectiva del responsable, es que en el **acuerdo de derivación de responsabilidad se identifique con precisión el importe** y alcance de la deuda derivada, pudiendo impugnarse allí la concurrencia y alcance de la insolvencia.

El hecho de que el acuerdo de fallido no precise si se trata de una insolvencia total o una insolvencia parcial no determina su nulidad, siempre que la insolvencia esté suficientemente acreditada (actuaciones de embargo e investigación patrimonial) y que el acto de derivación especifique el importe exacto y alcance de la responsabilidad:

> «La tesis de que la declaración de fallido debe incorporar necesariamente el carácter parcial o total de la insolvencia pretende constituir en un requisito sustancial, cuyo incumplimiento se pretende invalidante de la posterior derivación de responsabilidad subsidiaria, un elemento que, en realidad, es completamente accesorio y hasta mutable, pues el deudor fallido tanto puede serlo por insolvencia total como parcial, y lo relevante para el responsable subsidiario es de qué cantidad se declara la responsabilidad, declaración que es posterior a la declaración de fallido, pudiendo discutir, impugnando ese acto, si existe o no tal insolvencia del deudor principal. En caso de insolvencia aun total, el deudor puede venir a mejor fortuna, y dejar de serlo, o serlo tan solo parcialmente, y no por ello pierde validez la anterior declaración de fallido y la eventual declaración de responsabilidad subsidiaria, ni quedan privados de validez los actos realizados en aquel procedimiento de derivación de responsabilidad.
>
> Lo relevante, desde el punto de vista de la declaración de responsabilidad subsidiaria, es que el acto de declaración de tal responsabilidad vaya precedido de aquella declaración de fallido del deudor principal, sobre presupuestos válidos, es decir, sobre la existencia de una insolvencia constatada por medios suficientes, y que se determine adecuadamente el alcance o importe de dicha declaración, en conformidad con el importe de la deuda que esta afectada por la insolvencia. En definitiva, que la Administración haya llevado a cabo las actuaciones suficientes para apreciar la inexistencia de bienes o derechos susceptibles de embargo, esto es, bienes o derechos insuficientes para cubrir la deuda reclamada».

En virtud de lo expuesto, el TS fija como **doctrina jurisprudencial** que: «(...) *la declaración de fallido del deudor principal no requiere, para su validez, de la expresión cuantitativa del carácter parcial de la insolvencia, sin perjuicio de que el acuerdo de declaración de la responsabilidad subsidiaria, sí deberá incorporar la identificación precisa del alcance de la deuda objeto de derivación, y especificar en su caso el alcance parcial de la misma*».

A TENER EN CUENTA. La sentencia también se plantea si mientras está pendiente de contestación por el deudor un requerimiento efectuado por la Administración puede llevarse a cabo la declaración de fallido, concluyendo que: «*(...) la constatación suficiente de la situación de insolvencia del deudor no requiere que se agoten todos los trámites del período ejecutivo con respecto de todas y cada una de las deudas, sino que puede obtenerse como resultado de las actuaciones ejecutivas y/o de comprobación e investigación realizadas con respecto de alguna de las deudas, por lo que acreditada suficientemente la insolvencia, no impide que se formalice la declaración de fallido la circunstancia de que se encuentre pendiente de contestación por el deudor un requerimiento efectuado por la Administración, con posterioridad a aquellos actos de investigación y embargo, al amparo del art. 162.1 LGT, para que el deudor informe a la Administración de bienes y derechos de su patrimonio*».

Caso práctico | ¿Quedan afectados por una diligencia de embargo créditos que nazcan después?

PLANTEAMIENTO

Una Administración tributaria notifica una diligencia de embargo de créditos dirigida a un tercero deudor de la persona o entidad embargada. En la diligencia se requiere a ese tercero para que informe, en el plazo de 10 días hábiles, de los créditos existentes a favor del embargado y, en su caso, retenga los importes hasta el límite de la deuda. El tercero contesta dentro de plazo indicando que no existen créditos pendientes de pago a favor del embargado.

Tres meses después de haber respondido, el tercero contrata unos servicios puntuales con el embargado, que presta el servicio y emite una factura. Dicha factura genera entonces un crédito a favor del embargado frente al tercero.

Ante esta situación, el tercero se plantea si tiene efectos la contestación inicial a la diligencia de embargo (comunicando que no existen créditos a favor del embargado) sobre los créditos que puedan nacer en el futuro entre el tercero y el embargado. ¿Está obligado a ingresar en la Hacienda pública el importe de esta nueva factura en virtud de la diligencia de embargo recibida meses antes? ¿La contestación inicial (informando de la inexistencia de créditos) le vincula respecto de los créditos que nazcan en el futuro?

RESPUESTA

No, solamente serán embargables lo créditos devengados al tiempo de dictarse la diligencia de ordenación cuyo período de pago aún no haya vencido o en aquellos casos que el crédito conlleve la realización de pagos sucesivos por tratarse de operaciones con pago aplazado o en los cuales exista un contrato de relaciones continuadas u operaciones de tracto sucesivo. En este sentido se ha pronunciado la Dirección General de Tributos en su consulta vinculante (V0290-22), de 15 de febrero de 2022.

El embargo de bienes y derechos se regula en los artículos 169 y 170 de la LGT y en los artículos 76 y 81 del Reglamento General de Recaudación (RGR).

Cabe destacar que el artículo 81 del RGR prevé el embargo de créditos realizables en el acto o a corto plazo, mediante notificación de la diligencia al deudor del obligado al pago, advirtiéndole de que el pago hecho al deudor principal ya no será liberatorio y debiendo ingresar en el Tesoro el importe del crédito embargado cuando este venza.

Según la doctrina citada en la resolución, en concreto la resolución del TEAC n.º 4824/2016, de 27 de octubre de 2016, no es posible el embargo de créditos futuros aún no nacidos y de incierta existencia futura, por contravenir lo dispuesto en el RGR y en la normativa procesal que declara nulo el embargo de bienes o derechos cuya efectiva existencia no conste. Deduciéndose que el artículo 81.a) RGR permite embargar:

- Créditos ya devengados, aunque su vencimiento de pago sea posterior (créditos presentes con pago aplazado).

- Créditos en operaciones de tracto sucesivo o relaciones continuadas en las que ya exista un contrato y se hayan devengado derechos de cobro.

Dado que, en el supuesto planteado, en el momento de dictarse y notificarse la diligencia no existían créditos devengados a favor del embargado frente al tercero, ni contratos de tracto sucesivo ni relaciones continuadas que generaran créditos sucesivos, y que el nuevo crédito nace meses después, a raíz de un nuevo contrato y una nueva factura, cabe afirmar que ese crédito nuevo no queda automáticamente afectado por aquella diligencia.

Por tanto, puede concluirse que la diligencia de embargo de créditos solo alcanza a los créditos ya devengados al dictarse la diligencia cuyo vencimiento de pago sea posterior, y los créditos con pagos sucesivos derivados de contratos de tracto sucesivo o relaciones continuadas ya existentes en ese momento, no pudiendo extenderse a créditos futuros, aún no nacidos y de incierta existencia.

No obstante, Tributos recuerda que el tercero mantiene un deber de colaboración e información respecto de la Administración tributaria sobre el surgimiento de nuevos créditos susceptibles de embargo, para que, en su caso, el órgano de recaudación pueda adoptar las actuaciones que procedan.